刀水歴史全書94

日系人戦時収容所のベースボール

ハーブ栗間の輝いた日々

永田陽一著

（143頁参照）

刀水書房

刀水歴史全書94　日系人戦時収容所のベースボール　目次

目次

〈装丁　的井　圭〉

日系人戦時収容所のベースボール　ハーブ栗間の輝いた日々

はじめに――プロローグ

二〇一五年夏の終わりに、アーカンソー州ジェローム日系人収容所の跡地を訪ねた。そこには第二次世界大戦の最中、鉄条網で包囲された住居バラックがいくつも立ち並び、強制的に移動させられた日系人八〇〇〇人が暮らしていた。今ではバラックの跡形も見られず、夏の強烈な日差しの中に、一面真っ平らな畑だけが広がっている。話に聞いていた様子とは違って、収容所を取り囲んでいた大木の森もきれいに取り払われていた。かつて収容所があったと想像させる物は、道端に立つ大きな石碑と、何もない畑地の中からグンと高く突き出た、収容所内にあった病院のゴミ焼却場の煙突一本だけである。

日米開戦後、フランクリン・D・ローズベルトの大統領令九〇六六号により、アメリカ西海

アーカンソー州ジェローム収容所跡地　2015年８月27日著者撮影

岸に住む日本人移民と日系アメリカ人は住み慣れた土地から根こそぎ立ち退かされ、一〇か所の戦時収容所に送り込まれた。その数は一一万二〇〇〇人に上った。カリフォルニア州マンザナーやユタ州トパーズなどアメリカ西部諸州に設置された八か所の収容所については、映画や小説に取り上げられることが少なくない。しかし、西海岸からはるか東の南部アーカンソー州のミシシッピ川流域にも、ジェロームとローワーという二つの収容所があったことは、地元のアメリカ人にもあまり知られていない（本書では日本人一世を含め、「日系アメリカ人」「日系人」を用いる）。

日本軍による真珠湾攻撃から約一か月後の一九四二年一月一五日、ローズベルト大統領は、戦時に野球を続けていいものかとの大リーグコミッショナー、ケネソー・マウンテン・ランディスからの問いに、「野球を続行することはアメリカにとって最良である」と回答した。野球はアメリカのナショナル・パスタイム（国民的娯楽）である。野球は国民の士気の維持に貢献すると期待した大統領からのこのゴーサインは、「グリーンライト（青信号）の手紙」と呼ばれる。

第二次大戦はアメリカ野球を苦境に追い込んだ。大リーグの選手約四〇〇〇人が野球チームのユニフォームを脱いで軍服を着ることになった。そのため選手が枯渇し、観客は減少した。しかし大リーグの各チームは選手寿命を通り越したベテラン選手や一〇代の若者に大リーガーのユニフォームを着せることで急場を凌いだ。大リーグよりもさらに大きなダメージを受けたのが、四〇〇〇人の選手を軍隊に奪われたマイナーリーグだった。いくつものリーグが消えて行った。しかしアメリカ野球全体としては、女子プロ野球リーグを創設するなど新機軸を打ち出すことで、戦時にあっても中断することなく難局を乗り切ることができたのだ。

戦時におけるアメリカの国民的スポーツとしての野球は、「敵性アメリカ人」として強制的に収容所に送られた日系アメリカ人にとっても特別な意味をもった。みずからの政府に憲法上の権利を侵害され、収容所に閉じ込められても、アメリカ国籍をもつ二世の若者たちは、その鉄条網の囲いの中で野球に打ち込んだ。いや、閉じ込められたからこそ、野球への情熱を注ぎ込むことができたのだろう。第二次大戦のアメリカ野球物語と言えば、ハンク・グリンバーグ、ボブ・フェラー、テッド・ウィリアムズ、ジョー・ディマジオら大リーグの花形スター選手が兵隊になった話が出てくるのが常である。しかし、本書は大リーグの花形スターの話ではない。登場するのは、西部諸州の収容所の野球仲間からも遠く切り離されたアーカンソー州の片隅で、せっせと野球場造りに精を出し、懸命にボールを追いかけ、毎試合何千人もの日系人たちを熱狂させた無名の二世の若者たちである。本書は、カリフォルニア州北部の町フローリンからジェローム収容所に送られた日系二世の一人、ハーバート・ムーン・栗間が収容所の中で「本気のベースボール」に花開かせた話である。

第一章　日米開戦

真珠湾が攻撃されて

その日、夕暮れ迫るカリフォルニアのハイウェイ九九号線を一台の一九三八年型ポンティアックが北に向かって急行していた。気がつけばヘッドライトの光が少しずつ弱くなっている。ジェネレーターの故障だ。二人は不安を隠せないまま顔を見合わせ、ともに日本人の顔であることをいまさらのように確かめた。

一九四一年一二月七日。ハーブ栗間と父親の小一《こいち》は週末にロサンゼルスの親戚を訪ねた。この日は日曜日とあって昼からピクニックに出かけようとしていた矢先だった。突如ラジオが、日本軍によるアメリカ太平洋艦隊基地パールハーバーへの奇襲をけたたましく伝えた。小一の祖国日本はついにアメリカの敵国となったのだ。ピクニックは急遽中止。二人は取るものもとりあえず、家族の待つ北カリフォルニアの町フローリン（Florin）へ九時間のドライブに向かった。

日系人だとわかると、途中でどんな目に遭うかわからないとの不安がよぎる中での車の故障だ。しかし、思いがけなく、通りすがりの白人が親切に修理してくれた。二人はさらに車を走らせ、夜九時過ぎにようやく自分たちの住む町フローリンに入った。いつもなら夜遅くまで人通りが絶えない目抜き通りフローリン・ロードの日本人商店街はすでに戸を固く閉ざし、闇の中に潜んでいた。知人宅で尋ねると、「村長」と呼ばれていた日本人有力者はすでにＦＢＩに連行されたという。北カリフォルニアのこの町でも、日本語学校の校長、日本人会の会長ら要注意人物と見られた一世たちはＦＢＩによって身柄を拘束連行された。開戦は日系人社会をどん底に突き落とした。このとき栗間二八歳、以後彼の生活は一変した。

日米関係は一九三〇年代に入ると日本軍の中国侵略、満州国建国、国際連盟脱退、ワシントン条約廃棄通告等を巡り、その緊張の度合いを一段と高めていた。日本は泥沼化した中国戦線の打開を求めて仏領インドシナへ侵攻、さらに枢軸国との軍事同盟に走った。これに待ったをかけようとするアメリカは日本へのクズ鉄と石油などの輸出を順次禁止する経済制裁で対抗したため、日米関係は悪化の道を突き進んでいた。それと相乗する形でアメリカ国内の日本人移民は反日排日論にさらされ厳しい状況に直面していた。同時に、日本では対米強硬論が日米関係をさらに緊迫したものへとエスカレートさせていた。フローリンの町にも、そうした様子は日々伝わってきた。首都ワシントンで、一九四一年のはじめから行われていた日米交渉は進展を見ず、野村吉三郎駐米大使、来栖三郎特命全権大使とコーデル・ハル国務長官が交渉に臨んだときには、戦争が近いと噂になっていた。

「大使が二人も来たから、あぶないとみんなわかってましたよ。船に乗って日本へ帰ろうとした者もいました」(栗間)

果たして真珠湾攻撃のニュースは恐れを現実のものとした。それまでも日米関係悪化にともない不安な日々を送っていた日系人の苦悩はさらに深くなった。反日世論の火の手が一挙に広がり、日系人に対し疑いの目と怒りが向けられた。日系人はスパイだ、日系人はサボタージュする、さらには日本軍のアメリカ本土攻撃に手を貸すのではとのデマが飛び交った。日系人は信頼されていないのだ。不穏な空気に包まれた中で、日系人はただ怯えるばかりだった。

年が変わり正月を迎えた。いつもなら日本人町フローリンの正月も日本と変わりはなく、若者たちは正月七日までぶっ通しで羽目をはずし飲み騒ぐのが恒例だった。しかし、この年の正月は町中が静まりかえっていた。春になっても、二世の間からは例年のように野球をやろうという声は聞こえてこなかった。何が起こるのか恐ろしかったからだ。

一九四二年二月一九日、ワシントンでフランクリン・D・ローズベルト大統領は大統領令九〇六六号に署名した。これにより西海岸一帯の日系人を取り巻く状況は急展開を見せ始めた。この命令によって権限を得た陸軍西部防衛地区司令官ジョン・L・デウィット中将はカリフォルニア州全域、オレゴン州とワシントン州の西半分、アリゾナ州南半分の太平洋岸を軍事第一区域に指定し、そこに居住する一一万二〇〇〇人の日系人の強制立ち退きに乗り出した。「国土防衛のため」という軍事上の必要性がその理由とされた。太平洋岸にいつ何時現れるかもしれない敵国日本の海軍から保護するとの建て前のもと、デウィット将軍には日系人を西海岸から根こそぎ立ち退かせる権限が与えられた。

三月になると、移民一世だけではなく、日本人の血を引いているというだけの理由で、アメリカ市民権をもつ二世も含めて、日系人全員の強制立ち退きと収容が実行に移された。真珠湾攻撃は日系人移民社会を西海岸から消し去る絶好の理由となった。日系人強制収容は、中国人移民に始まるアジア系移民に対する一〇〇年にわたる人種差別と排外主義の蓄積の集大成とも言えよう。
陸軍の戦時民事管理局（Wartime Civil Control Administration, WCCA）により西海岸各地一六か所に仮収容所（Assembly Centers, 集合所）が設置された。これはしかし一九四二年三月から一一月までの一時的な収容施設であり、日系人をいったんそこに移し、その間に本格的な収容所の建設を急ピッチで進めようというものだった。

「ベースボールやろうや」

一九四二年五月二九日。その日の昼過ぎ、軍隊が監視する中を二九歳のハーブ栗間は両親と三兄弟（兄のトヨキ、弟のジェームズとアーニー）とともに生まれ育った町フローリンから仮収容所行きのバスに乗せられた。すぐ下の弟ゲーリーはすでに家を出て、ニューヨークで働いていた。

西海岸のあちこちで、日本人移民は迫害と差別に耐えながら汗と涙で築きあげた家屋や店舗、農場などの財産を、足元を見た地元白人に二束三文で買いたたかれた。フローリンでは幸いにして日系人のイチゴ出荷組合の力で買いたたきだけは免れた。その代わり栗間は家、農場、車の一切合切をイチゴ組合を通して白人に安く貸すことにした。そうしなければ家に火をつけられると脅された。知り合いのイタリア系の男が、この機会を逃さんとばかりに冷蔵庫が欲しいと言ってきたので、栗間は無料で貸すことにした。

収容所への持ち込みは一人手荷物二個に制限された。持てるだけの品物を選別してトランクとズダ袋に詰めた。栗間一家六人は与えられた家族番号「22096」を付けた荷物を抱えて仮収容所行きのバスに乗り込んだのだった。

これからどうなるのか、不安に怯えながら、バスが二六〇キロを走り中部カリフォルニアのフレズノに着いたときには午後三時を回っていた。フレズノ競馬場と隣のフェアグラウンド（地域の催し物広場）は「フレズノ仮収容所」と名前を変えていた。

栗間が両親と病弱の兄を気遣いながらバスから降り立ったとき、長身の男が一人近寄ってきた。栗間がはじめて見る顔だった。

「ムーン、ベースボールやろうや」

男は藪から棒に挨拶もなしに誘いかけてきた。栗間は一瞬、強制収容所で野球なんかができるのか、と首を傾げた。しかし、ちょっと待ってくれ、こいつ、何を言いだすんだ、不安げな顔をした両親と兄弟がすぐそばにいるではないか。まずは家族をしかるべきところに落ち着かせないといけない。収容所とはどんなところか、不安なのは一家の柱であるハーブ栗間も同じだった。まだ、どこに住むのかさえ決まっていないのに野球をやろうだなんてと腹が立った。

男は中部カリフォルニアの日系強豪チーム「フレズノ体育会」のサム中野と名乗った。その体育会のリーダーで日系球界の第一人者ケン銭村健一郎とその仲間のフレッド吉川新一は一三日前にここフレズノに収容され、それからずっと栗間の到着を首を長くして待っていたというのだ。

栗間は少し落ち着いてから考えてみたが、収容所で野球ができることには半信半疑だった。バットもグローブもユニフォームも野球への思いと一緒に仏教会館の倉庫に封印してきた。それにフローリンから先着していた中に先輩の野球関係者がいるのに、自分に最初に話がきたことにも戸惑った。だがとにかく、知り合いの白人に手紙を書くことにした。「至急、野球用具と書いた箱を送ってくれ」。フローリンの仏教会の隣には開戦二年前の一九三九年に、日系農民総出でわずか一か月半で完成させた木造の大きな会館があった。町のあらゆる集会に使われ、夏の暑い盛りには、夜になると会館の外壁をスクリーンにして、日本から届いた映画の野外上映会も開かれた。内部は公式バスケットボールコートが一面とれるほど広かった。日系住民はフローリンにまた帰って来られる日のために、収容前に大慌てで家財道具をこの会館に運び込んだのである。

第二章　サクラメントで日系二世ハーブ栗間と

「ちょっと寄っていきなさい」

一九八九年六月、わたしは、戦前にアメリカと日本の野球界を股にかけ活躍したハワイ出身の日系二世外野手ジミー堀尾の足跡をたどる旅に出た。堀尾がプロの野球人として最初にプレーしたマイナーリーグ球団のあったサウスダコタ州スーフォールズから始まり、コロラド州デンバー、西海岸に回って、ワシントン州シアトル、カリフォルニア州サンフランシスコを巡り、最後にたどり着いたのがカリフォルニアの州都サクラメントだった。サンフランシスコからグレイハウンド・バスで約二時間のサクラメントには州立図書館がある。そこに行けばカリフォルニア中の新聞をマイクロフィルムで読めることから、第二次大戦前の野球が効率よく調べられると思ったからだ。

この旅の途上、スーフォールズでは天安門事件、シアトルのホテルでは、のちに史上最高の三塁手と評されるフィラデルフィア・フィリーズのマイク・シュミットの涙の引退宣言をテレビで見た。八〇年代はじめ、留学中、フィリーズでのプレーを毎日見ていたわたしは、シュミットがユニフォームを脱ぐと知り、柄にもなく感傷的になったのを覚えている。

サクラメントのバス・ターミナルから、とりあえず宿を探さねばとトランクを引いて二ブロックくらい歩くと、「パークホテル」という、見るからにこちらの懐具合にピッタリの小さな安宿があった。手っ取り早くそこに泊まることにした。一泊二〇ドル。一階の狭いロビーには長期滞在の老人たちが寄り集まっているようなホテルだったが、その時のわたしにとってロケーションは抜群だった。州議事堂も、州立図書館も目の前にある。サクラメントでのリサーチは幸先よくスタート、と喜んだ。しかし気になったのは、二〇一号室のドアの鍵がちょっと乱暴にガタガタと揺すれば簡単に開いてしまいそうなたよりないものだったことだ。

サンフランシスコを発ったのが早朝で、昼までにまだ時間があった。すぐに図書館に行けばよいが、ひとつ電話をすませておこうと思った。その相手とは、以前にフィラデルフィアで知り合った日系二世のノブ三好の幼なじみのことである。三好は一九一一年サクラメントの生まれ。日米開戦後、日系人強制立ち退きで人生軌道を狂わされた一人だった。「サクラメントに行ったら必ず連絡しなさい。かの女がきっとリサーチに役立つ情報をくれるはず」と言っていたからだ。「ハロー」と挨拶だけすればいいだろうと思って電話した。電話に出たその幼なじみはサリー竹田。夫のヘンリー竹田は弁護士で地元では名士とあとで知った。竹田夫人はノブ三好からすでにわたしが各地の日系人野球史を調べていると聞いていて、それならこの人に会ってみるようにと電話番号を教えてくれた。サクラメントには図書館でマイクロフィルムを読むために来たのだ。その作業に時間・日数がかかることは十分予測できたから、正直なところ、竹田夫人の好意はありがたかったが、余計なことに時間を取られ厄介なことにならなければよいがと思った。

しかし、そう言われたからには電話しないわけにはいかない。もらった番号にかけてみたが、案の定、誰も出ない。案の定というのは、竹田夫人から「その人はバッチェラーだから何度もかけないとつかまらないよ」と忠告されていたからだ。そのバッチェラーという言葉にはピンとこなかったが、独身の意だとはわかる。なぜシングルと言わないのか、と疑問に思って、あとでアメリカ人の友人に聞くと、「バッチェラー」には独り者という意味に「遊び人」のニュアンスがあると教えてくれた。図書館に出かける準備をして念のため電話をかけ直す

ハーブ栗間　自宅で　1998年6月28日著者撮影

と、今度は応答があって、第二次大戦前の日系人野球を調べにサクラメントに来たことを話した。

その電話の相手は一五分後に迎えに行くからホテルの前で待っていろと言った。図書館に行くカバンを整えて指示通り、ホテル前の歩道に立っていた。するとそこへ一台の車がスーッと近づいてきて目の前で止まった。なんとそれはボンネットマスコットを見れば、わたしでもわかる高級車キャデラック。よく見るとキャデラックには違いないが、どこか変だ。キャデラックは車体が角張っているものとばかり思っていたからだ。丸みをおびた七〇年型車体、しかも色はくすんだモスグリーン。車から降りてきたのは、車体と同様に丸みをおびた体つきの小柄な老人だった。一人暮らしと言っていたが、ズボンと半袖シャツにはビシッとアイロンがあてられていた。これが日系二世投手ハーブ栗間（ハーバート・ムーン・栗間盛雄、Herbert "Moon" Kurima）との出会いだった。

ランチに行こうと車に乗せられた。助手席から運転中の栗間にサクラメントにやってきた目的など話しかけたが、どこかチグハグな感じがする。こちらは懸命に英語で話しているのに、返ってくる言葉は日本語、しかも時には広島弁が交じる。このときは狐につままれたような感じだった。それまでの経験から、日本で子ども時代を過ごしたことがない場合、二世は英語の方がずっと得意だ。実は、栗間は一度も日本の土を踏んだことがないことをあとで知って、またビックリした。

ランチで何を話したかは覚えていない。晩飯をまた一緒にという約束をして州立図書館に送ってくれた。五時にまたホテルの前に昼間のキャデラックが止まって、ブロードウェイ沿いにある日本食レストランに連れていってくれた。

食事が終わってホテルまで車で送ってくれるものと思っていたら、「ちょっと寄っていきなさい」と言われた。自宅に来なさい、と。碁盤目状に区画されたサクラメント市街地を走り、大通りブロードウェイからはずれた奥まった場所に栗間の家はあった。木造二階建て、階下は人に貸していた。外階段を上り玄関のドアを開けると、すぐそこがリビング。薄汚れたソファに座ると、気のせいか臭いもするようだった。壁にもいろいろ貼ってあり、そこらじゅうに物があふれ雑然としている。わたしがどう感じたかがわかったのか、栗間は消臭スプレーをあたりに撒きだした。

飲み物をすすめられ、無難なセブンアップをもらうことにした。「それ見てもいいですよ」と言われたのは、目の前のコーヒーテーブルにドカンと置かれた分厚い三冊のアルバム。他人のアルバムほど退屈なものはないんだと心の中でつぶやきながらも開いてみると、そこには彼のハイスクール時代の野球チームの写真、広島県人会のパンフレット、著名な野球選手からの手紙など、一頁一頁にこの二世がたどってきた人生が詰まっていた。その中でも目を奪われたのが、わたしがはじめて見る第二次大戦中に撮影された日系人収容所での野球写真と収容所で発行された新聞だった。一つひとつの資料に込められた栗間の野球をすぐにでも知りたくなった。その日から、サクラメントにいた五日間、毎夜、栗間と夕食をともにし、決まって言われる「寄っていきなさい」に誘われて、話を聞いた。

それからも毎年のように州立図書館の新聞マイクロフィルムを口実にサクラメントを訪れたが、本音のところは栗間に会える楽しみにあった。ランチや夕食をともにすることになった食堂は、かつての日本町のあったあたりにある「和歌の浦」という名前の中華（チャップスイ）

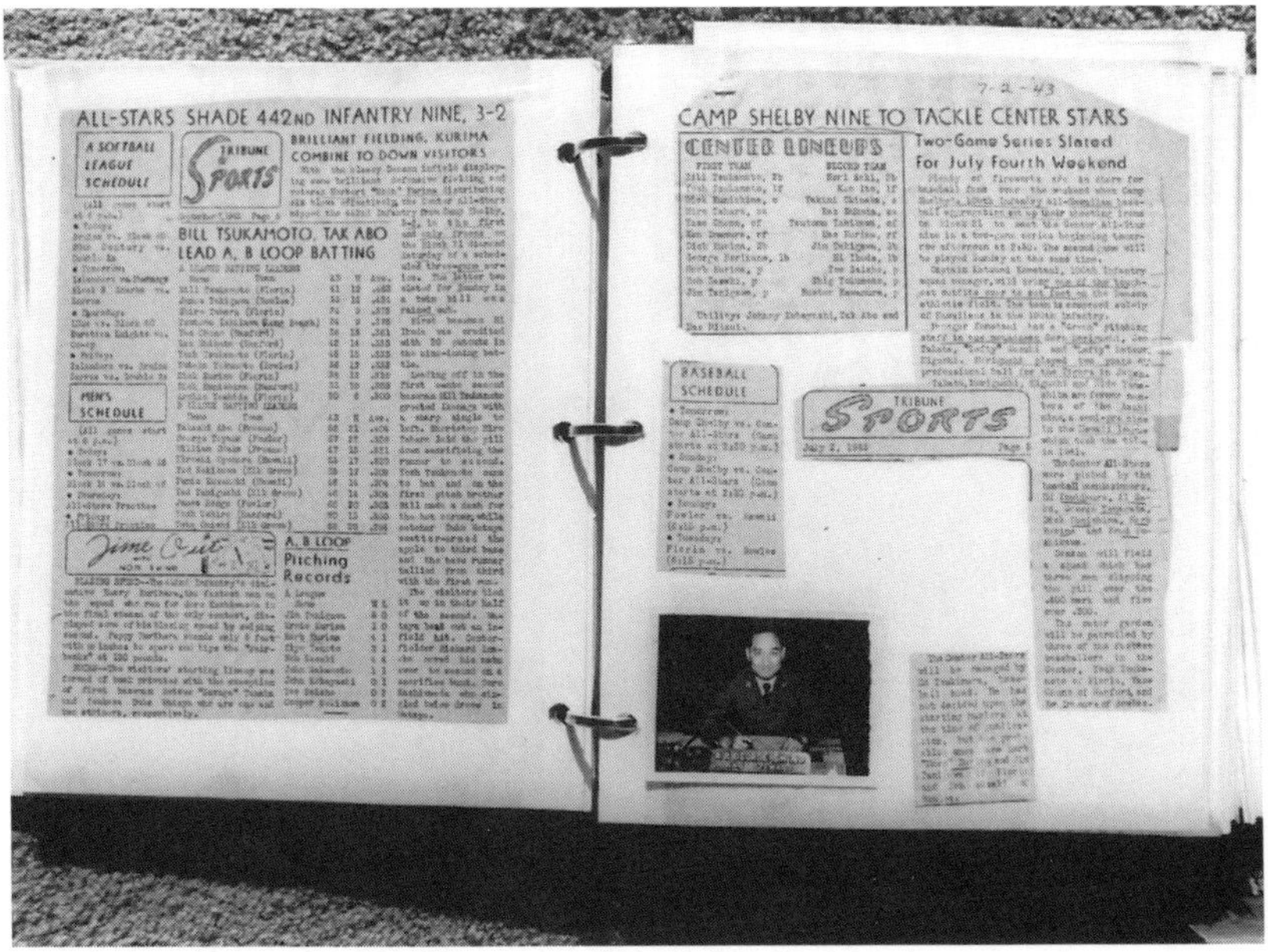

ハーブ栗間のアルバム　ジェローム収容所の新聞『デンソン・トリビューン』の切り抜き　1998年6月28日著者撮影

と日本食を出す二階建てのだだっ広く殺風景な店だった。地元日系人の肩のこらないたまり場でもある。栗間の知り合いが経営し、近隣に住む日本からの戦争花嫁だった女性が注文を取って、皿を運んでいた。サクラメントに行く毎に、その食堂で待ち合わせ、四ドル五〇セントのサバの塩焼き定食を二人で食べるのが慣例となった。サバは半身が皿にのって一人前。やっと食べきれるほど大きかった。その後はいつも、「ちょっと寄っていきなさい」と続いた。

第三章　カリフォルニア日系二世のベースボール

日本人移民の町「不老林《フローリン》」

カリフォルニア州都サクラメントからインターステート高速道路I－5号線を南へ五分、距離にして一五キロほど走ると、フローリン・ロードという高架道が真上を横切っている。第二次大戦前のこと、このあたりに日本人移民家族がたくさん住んでいた町があった。現在では発展したサクラメント市の一部に組み込まれてしまい、日本人移民の町の面影はない。東にシェラネバダ山脈、西に沿岸山脈。この両山脈に挟まれて舌のような形をした盆地がサクラメント・バレー（平原）と呼ばれる。ここの夏の暑さときたら尋常ではない。栗間に案内されて日本人移民ゆかりの地を巡っていたときだった。偶然出くわしたハワイ出身の栗間の知人が、日本から来たわたしに、「ここは人間の住むところじゃない」と吐き捨てるように言った。それほど夏は暑くなる。それを聞いた栗間は一瞬悲しそうな表情を見せた。誰も手をつけない不毛の地に入植し、荒れ地を開墾して農地に転換していったのが日本人移民だったのだから。

明治のはじめ、日本人は一旗揚げて故郷に錦を飾ることを夢見て太平洋を渡った。ハワイへの官約移民が開始されたのが一八八五年。三年契約の砂糖プランテーションの労働者として日本人移民がハワイへ渡った。その後はアメリカ本土にもハワイからの転航者も加え、多くの日本人がやってきて、農場や鉄道工事現場などで働いた。日本人が白人のイチゴ畑の労働者としてフローリンに入植したのは一八九二年頃のことである。イチゴ栽培成功の噂に惹き付けられて多くの日本人がフローリンに流れ込んだ。一九〇〇年にはフローリンの日本人定住者は八〇家族を数え、イチゴを集荷・出荷する組合も作られた。

町の中心フローリン・ロードには日本人経営の雑貨店、旅館、床屋、風呂屋が軒を並べた。やがて白人経営の店はわずか一軒残るだけになり、他はすべて日本人の手に渡った。一九三〇年の町の人口は二五〇〇人。フローリン近傍の人口の八分の七は日系人が占めた。県人会を中心にした貯蓄組合は七つを数え、一六五〇人（一世五五〇人、二世一一〇〇人）の日系人が暮らしていた。フローリンはいつの間にかイチゴとブドウを栽培する日本人移民の町「不老林」となっていたのである。

ハーブ栗間の父親、小一（一八八〇年生まれ）が広島・沼田郡西山本村（現・広島市安佐南区）からやってきたのは一九〇四年。四年後には一〇歳年下の許嫁トラを広島から迎えた。二人は息子五人に恵まれた。娘が一人生まれたが、一九一〇年代末に流行した悪性感冒スペイン風邪で死亡した。ハーブは一九一三年一月二〇日生まれの次男。しかし病弱の兄トヨキに代わって一家の長男の役目を担うことになった。小一は一二年間農地を借りて耕作していたが、一九二二年に待望の二〇エーカーの土地を手に入れた。そのうち三エーカーにイチゴを栽培し、一五エーカーでブドウを育てた。

一九世紀後半から始まったアメリカの移民政策は、最初に中国人移民労働者に対して、二〇世紀に入ってからは流入し膨張する日本人移民につぎつぎに制約を課した。一九〇六年の移民法は、日本からの移民一世を、ヨーロッパからの移民と類別し、どんなに努力しても、どれだけ長くアメリカに滞在しても市民権を取得できない「帰化不能外国人」とした。そのうえ一九一三年のカリフォルニアの外国人土地法や二〇年の改正法などに見られるように、各州では日本人移民一世農業労働者の土地所有の権利を剝奪した。しかし二世は生まれながらのアメリカ市民である。小一の土地も知り合いの二世の名義を借りて購入したものだった。

さらに一九二四年の、いわゆる排日移民法により、日系人社会への新たな日本人の流入はなくなった。この頃すでに一世人口を上回っていた二世たちは、アメリカ社会で今後どのように生きていくべきかを考えざるを得ない時期に直面していた。一世は郷土愛や血縁を介して日本との結びつきを大事に考え、二世との間には生き方や考え方に生じるズレも見え始めた。二世は親世代の苦労を知るがゆえの絶対的服従の義務感を抱きながらも、アメリカ人として生きる決意との狭間で葛藤した。三〇年代に入っても日系人に対する排斥はとどまるところを知らず、とりわけ西海岸諸州では暴力事件にもおよぶ排日の嵐が吹き荒れていた。

しかし、排日の差別の中で日本からの移民一世はただ黙々と働いた。一世の苦労を見て育った二世も懸命に働いた。親を助け、孝行するのが二世の役目と教えられてきたからだ。「ブラブラしているような二世はおらなかったですよ」と栗間は言う。その人生で一度として日本の土を踏んだことはなかったが、広島弁の交じる栗間の日本語は日本にいる日本人との違いをほとんど気づかせないほどだ。日本人移民社会で育ち、一世とともに働く中で身に付けたものだった。

二世はアメリカ市民だが、日系人への差別には一世も二世もなかった。事実、二世のふだんの生活にも職業や居住地などに制限がかけられた。栗間が決して忘れない思い出と話してくれたのが、公営プールの利用のことだ。日系人とメキシコ人だけは週一回の水を入れ替える掃除日だけ泳ぐことが許されたという。栗間がフローリン・グラマースクール（小学校）に通っていた一九二一年、フローリンでは日系二世の子どもたちは白人児童の学業の邪魔になるとして、白人の子どもは町の西端に建てられたウェストスクールに移り、日系二世は元のイーストスクールへ取り残される形での人種隔離授業が行われた。一九二九年九月、栗間がエルクグローブ・ハイスクールに入学したとき、夏の思い出を作文にするようにとの課題が出たが、栗間は鉛筆を握ったまま自分の名前しか書けなかった。

「グラマースクールで［白人と］分けられてから英語なんか使わんもの。日本語ばっかりだから、ぼくは英語ひとつも知らなかったですよ」

ベースボールで頑張る

ハーブ栗間は右腕投手、スピードボーラーだった。二世のピッチャーに得意球は何だったかと訊くと、みな必ずスピードボールと答えるが、栗間は群を抜いて速かった。グラマースクール七年生で野球を始め、本格的に取り組んだのはエルクグローブ・ハイスクールに入ってからだった。一九三一年、ハイスクール二年生のとき、栗間の右腕で同校野球チームは地元四校で

リーグ優勝したエルクグローブ・ハイスクールチーム　ユニフォーム姿の前列右端がハーブ栗間，その後ろがフランク山田　エルクグローブ・ハイスクールの1931年イヤーブック　Herb Kurima 氏提供

構成するサクラメント・カウンティ・リーグの決勝戦に進み、クラークスバーク・ハイスクールを5安打ピッチング、6－2で破り、優勝を飾った。このときの優勝チームは白人選手が多かったが、栗間の一学年下に一年生でレギュラーを張ったもう一人の日系二世がいた。栗間が野球センス抜群と一目置く小柄な俊足外野手、フランク山田伝は、フライを腹の前で捕球するポケットキャッチを得意とした。「小さいけどベースボールの頭もっとる。スマートやね。走るんでも何でもやり方がスマート。何でも速くピーンと頭にくるんですよ」。山田は朝目覚めると起き上がる前に野球帽をかぶり、家の仕事をさぼっては野球に夢中になっていたが、父親為吉に「ベースボールじゃメシは食えんぞ！」と懇々と言われていた。

栗間は学外でも一九三一年、エルクグローブ・アメリカン・リージョン・チームの投手となり、サクラメント地区優勝を呼び込んだ。このときの決勝戦ではグラスバレー・リージョン・チームを相手に21奪三振、1被安打、1失点の快投を見せ、チームは11－1で完勝。栗間の球歴の中でも自慢の試合のひとつである。

一九三二年栗間はハイスクール卒業と同時に、町の日系チーム「フローリン体育会」で投げ始めた。この体育会の結成は一九一四年。アメリカ西海岸の日系タウンチームの中では古参に入る。

栗間の弟たち、ゲーリー、ジェームズ、アーニーと、隣に住む従兄弟のマック、ディック、ウィルバーはみなフローリン日系人野球の歴史に深く関わっている。その中でも投手ハーブのスピードボールの噂はカリフォルニア日系球界のすみずみまで響き渡っていた。ノーヒットノーランを二回記録し、三五年には北米巡業中の東京ジャイアンツを相手にサクラメントで先発マウンドに上がり、畑福俊英投手と投げ合ったことがある。四〇年にはユタ州の山奥にある炭坑町ヘルパーの日系チーム「カーボン朝日」に請われて、JACL（Japanese American Citizens League, 日系市民協会）主催の山中部野球大会に出場。このときは「フレッド田中」の偽名を使ったが、すぐに「カリフォルニアの栗間」だと対戦チームにばれてしまった。持ち前のスピードボールで三振の山を築くのが真骨頂だった。

いつの間にか栗間には「ムーン」（月）という妙なニックネームがついた。本人に由来を訊くと、褐色の肌と顔つきが「（北米）インディアンみたいだったかもしれない」と言っただけで、それ以上は説明しない。「とにかくベースボール・プレーヤーにはスナッピーな（粋で呼びやすい）ニックネームが必要だったんですよ」。アマチュアのタウンチームとはいえ一端の野球選手を気取る者たちは、たいていそういう自慢のニックネームをもっていた。

タウンチームにはよその町には負けてなるかという少数ながら二世たちの野球を応援してく

れた移民一世のメンツもかかっていた。

「[そういう] 一世の人が一生懸命になってチーム作って、あの当時のプレーヤーなんてほんとにラッキーだと思う。一年に一回、サクラメントに集まって野球大会があった。アンパイヤがミスしてもめたりすると一世の人はバット持って [グラウンドに] 出ていくんだ。それくらい一生懸命になっていた。[自分の商売では] 儲かってないはずなのに、[フローリンの野球チームに] 金をつぎ込んでた靴屋さんがおった。もう一人、そういうベースボール気違いの百姓もおった」(栗間)

しかし大半の一世は日々の仕事と生活に追われ、野球に情熱を傾ける二世の気持ちなど思いやる余裕などなかった。一九三六年、ハーブ栗間はフローリン体育会の監督も兼任することになった。先輩たちがチーム運営費の負担に耐えかねて野球チームを投げ出したため栗間に監督のお鉢が回ってきたからだ。

チームの運営費の捻出には頭を悩ませた。

「デプレッション(大恐慌)のとき、一九三二年、三三年はひどかった。(野球チームの運営費調達のための) 映画会(入場料五〇セント)をやっても人が集まらない。ぼくの月給の半分はベースボールに行きよった。親父が月給は自分で持っておけと言ってくれていた。でも、他の家庭のように、親父にお金を貸してくれと言われたらどうしようかと思った。ベースボールにつかって、貯金がなかったから」

日系人コミュニティの野球チームの台所事情はどこも似たようなものだったという。

フローリンのイチゴ

ハーブ栗間はハイスクールの四年間も、自分の家の畑を手伝いながら、イチゴとブドウの販売会社「野尻フルーツカンパニー」で働いた。一九三二年にハイスクールを卒業すると同時に町で二番目に大きなイチゴ出荷会社「北加苺組合」に仕事を得た。そこでは三〇歳代、四〇歳代の年長者を差し置いて、いきなり一八歳で出荷責任者に抜擢された。月給一二五ドルの厚遇である。

イチゴ栽培は実をつけるまで手を抜けない。三月にハシリが出る頃、決まってやっかいな雨が降る。それからは死にもの狂いで働く。収穫最盛期の五月に吹く北風も難物だ。五月下旬になるとシカゴなどの市場にオレゴン産とワシントン産のイチゴが出回る。それまでの期間が、フローリンのイチゴの勝負時だった。

今のアメリカ産イチゴは粒は大きいが、固くて甘みも少ない。しかし、栗間によれば、当時

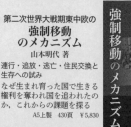

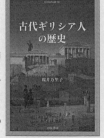

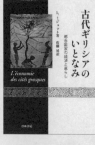

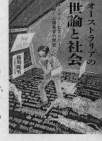

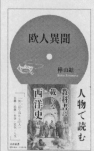

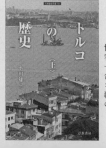

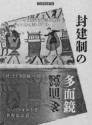

のオレゴンプラム種は「甘くてやおかった」という。イチゴを詰めた小さなバスケット一二個入りの木箱ひとつが二五〜五〇セントで売り渡される。栗間の組合から一日最高八〇〇〇箱を出荷したこともあった。イチゴの栽培には冬場に肥料をやったり、苗の準備をするなどの作業がある。その費用を農家は組合から前借りした。農家が収入を得ても、その半分は前借り分の返済に消えた。「戦争前、イチゴ作りは本当に儲けてないですよ」と栗間は言う。

イチゴ一箱が一八セントにまで値を下げたこともあった。そうなると輸送費を差し引けば農家には一セントも入ってこない。各地の市場をにらみながら、出荷先と出荷のタイミングの判断を下す。栗間の肩には組合に所属する日系農家一〇〇家族の生死がかかっていた。

貨車一台にイチゴの木箱一二〇〇〜一三〇〇箱を積み込む。フローリン全体から貨車一九台分を一日で送り出したのが最高記録だと栗間は言う。鮮度が命のイチゴは貨物列車で運ぶと輸送に時間がかかりすぎる。「エクスプレス」として客車の後部に貨車を連結することもあった。西海岸を南北に走るサザンパシフィック鉄道の線路はフローリン・ロードと直角に交わる。その交差地点に駅「ＳＰディーポ」があり、喧噪の中での列車への積み込み作業は壮観だった。サンフランシスコやオークランドなど近郊都市に向けてはトラックが何十台も連なったという。「写真を撮っておきゃあよかった」。栗間はわたしを、その痕跡の何もないＳＰ

ディーポの跡地に案内しながらそう言って悔やんだ。

戦間期の日系人ベースボール黄金時代

二〇世紀前半、アメリカでは野球は名実ともに「ナショナル・パスタイム」として社会のすみずみまで浸透していった。そして野球は世界各地からの移民二世にとってもアメリカンドリーム実現への道であり、両親の祖国と今住んでいるアメリカとの文化の架け橋でもあった。アメリカ生まれの日系二世も、子ども時代に誰もがいつの間にか日々の生活の中で自転車を乗り回すようにごく自然に野球に馴染んでいった。二世は親世代の日本へのしがらみにとらわれ、親孝行など日本的価値観の中にいたが、その一方でバットとボールを手に、アメリカ文化の象徴とも言える国民的スポーツにどっぷりと浸かっていた。

粟間の世代がティーンエージャーに達する一九二〇年代、三〇年代に日系二世野球は全盛期を迎えた。アメリカ西海岸ではつぎの三つの地域を拠点として二世野球は発展した。二世チームは野球が盛んな父母の国に「日本見学」を兼ねてたびたび遠征した。

〈アメリカ西北部〉

ワシントン州シアトルを中心とするアメリカ西北部では一九二〇年代半ばに、それまでライバル関係にあった朝日とミカドの二チームが合併し、二世の統一チームＮＡＣ（日本アスレティッククラブ）が生まれた。一チームになったことで、あぶれた若い二世たちが新たに太陽アスレティッククラブを結成。この二つのチームの新しいライバル関係は一九三〇年代に西北部二世野球の歴史を形作った。三一年にはシアトル日本人商業会議所が主催する西北部日本人野球大会が始まり、毎年、シアトル周辺部も合わせた地域からチームが集まり、独立記念日の週に開かれた大会「フォース・オブ・ジュライ・トーナメント」（西北部日系リーグ）は西北部日系人社会の最大のイベントとなった。それに加え、地元の日系英字新聞『ジャパニーズ・アメリカン・クーリエ』が主催する一〇代の選手のための「クーリエ・リーグ」も盛んで、広範な二世を野球に引き入れたのが西北部の特徴だった。また国境を越えたカナダ・バンクーバーでは朝日が白人リーグで戦っていた。バンクーバー朝日とシアトルのチームとの交流戦も毎年行われた。

〈南カリフォルニア〉

ロサンゼルスを中心とする南カリフォルニアには、西海岸でも日系人口がもっとも集中していた。ここでも日本人リーグが盛んだったが、それよりも一段も二段もレベルの高いセミプロ球界の存在がひときわ目を惹いていた。その中で注目されるのが一九二六年に誕生したロサンゼルス日本（LA日本）であり、南カリフォルニア日系オールスターズとして結成された。このチームには白人選手も加わり、毎週日曜日にセミプロ球界の日系代表として白人、黒人、メキシコ人のチームと対戦していた。ずば抜けた強さを誇ったLA日本は、一九三一年には日本遠征を実現し、大学や倶楽部のチームを投打にわたり圧倒、20勝5敗の好成績を挙げた。LA日本がとくに記憶されるのは、戦前の日本プロ野球草創期に活躍することになる外野手ジミー堀尾文人、遊撃手サム高橋吉雄（三七年秋本塁打王）、捕手バッキー・ハリス（三七年秋MVP、三八年春本塁打王）、投手ジョージ松浦一義の四選手をメンバーに揃えていたことだった。LA日本は戦前の日本プロ野球史を彩った外国人選手の供給源となったのである。一九四〇年頃になると同じく日系チームのサンピドロ・スキッパーズが台頭し、LA日本と南カリフォルニア日系人野球の覇を競うようになった。

〈北・中部カリフォルニア〉

ところで、栗間が住むサクラメントなどのカリフォルニア州の北部と中部はアメリカ西北部や南カリフォルニアとは状況が違っていた。ここでは野菜果物栽培を手がける町ごとに日系人のコミュニティが形成されていたため、野球チームも町単位で組織された。一九二一年四月、サンフランシスコの「日米新聞社」が主催した「全加州日本人野球大会」（加州はカリフォルニアの意）が二世の野球熱に火をつけ、あたかも野球戦国時代を迎えたかのようであった。全加州としながらも、実際は北加・中加両地区の日系人野球大会だった。

一九二六年に加州日本人野球連盟が結成されると、三三年には北加野球連盟が新たに組織され、三七年の再編以降は真珠湾の年まで五年間にわたる熱戦時代が続いた。しかし、リーグの改編や参加するチームの出入りが激しく、試合方式も変化し、決して安定的な野球組織とは言えない。その中でも、フレズノ体育会（来日二四、二七年）、サンノゼ旭（同二五年）、スタクトン大和（同二八年）はたびたび日本遠征を行い、また遠来の日本の中等学校や大学のチーム、北米遠征に乗り出した東京ジャイアンツ（三五、三六年）を迎え撃つなど、その強さは日本球界にも届いていた。町単位の対抗意識が各チーム強化の原動力となったと言えよう。

しかし栗間にとって残念だったのは、日系球界の強豪と評判を取っていたフローリン・チームがリーグ戦に参加できないことだった。日本人リーグの開幕時期（五月）がイチゴの収穫期にぶつかり、フローリン体育会はやむなく出場を見合わせざるを得なかった。戦前最後のシーズン一九四一年には、北加野球連盟や中加野球連盟など日系五リーグがそれぞれペナントレースを繰り広げた。参加チームは合計三八を数えるが、フローリンの名前はどこにもない。「リーグ開幕が遅れて六月にずれ込んだ年に一、二度参加したことがあっただけ」と栗間は悔しそうに言う。

一九四一年カリフォルニア州北部・中部の日系野球リーグ

北加野球連盟（Northern California Japanese Baseball League, NCJBL）　八チーム
中加野球連盟（Central California Baseball League, CC）　六チーム
北加平原野球連盟（Northern California Valley Conference, NCVC）　九チーム
桜府野球連盟（Sacramento Rural Baseball League, 略称不詳）　一〇チーム
中加沿岸体育連盟（Central California Coast Counties Athletic Association, 4CAA）　五チーム

第四章　カリフォルニア州フレズノ仮収容所

球場「セクションJダイヤモンド」のプレーボール

ふたたび「パールハーバー」直後の日系人社会に戻ろう。

栗間一家が収容されたカリフォルニア州中部のフレズノ仮収容所は、一九四二年五月六日にオープンし、最大収容者数は五一二〇人に上った（一九四二年九月四日時点）。フレズノ競馬場とフェアグラウンドには住居用に急ごしらえのバラックができあがっていた。そのため収容者は染み付いた馬小屋の臭いに悩まされることになる。栗間一家六人はK－7－1のユニットをあてがわれた。

仮収容所で野球場造りが始まった。ケン銭村は強力なリーダーシップを発揮し、テキパキと

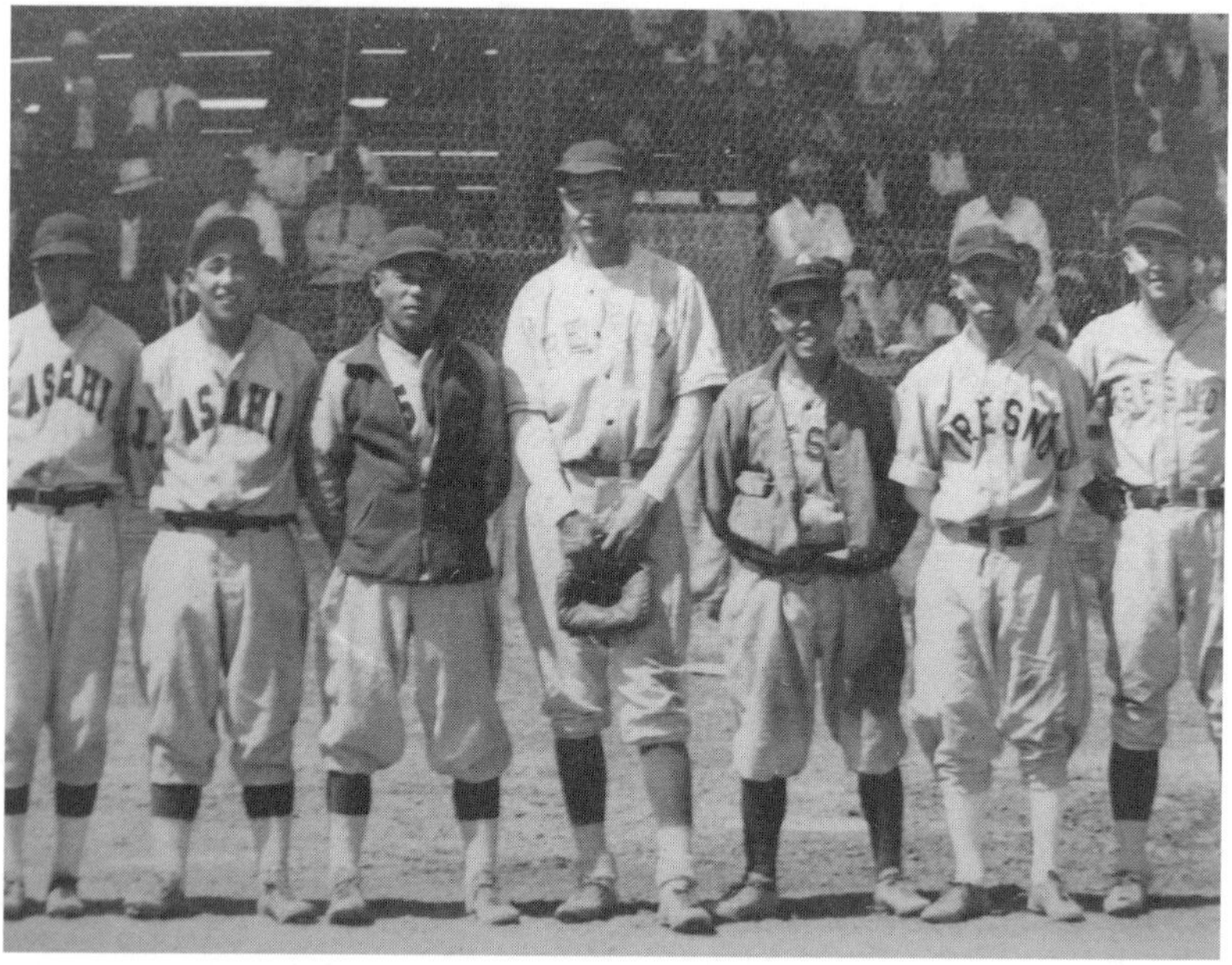

1938年７月フレズノ体育会対サンノゼ旭３連戦を前にして　右から３人目ケン銭村（フレズノ），左から３人目ラッセル日永（サンノゼ）　著者所蔵

作業を進める。栗間も積極的に工事に参加した。

「あの人（銭村）はトラクターを持ってくるとか、材木をどこから調達するとか、頭にブループリント（青写真）がすべて入っとんですよ」

銭村はカリフォルニア日系人野球を語るときに欠かせない人物である。一九〇〇年に広島で生まれた銭村は、幼くして両親の移民にともなってハワイ・ホノルルで育ち、そこで野球に目覚めた。ホノルルの日系代表チーム朝日で活躍後、本場の野球に憧れアメリカ西海岸にやってきた。中加フレズノを地盤に全身全霊をつぎ込んで州内各地の二世野球を育てた。その分、若手選手への指導は厳しい。銭村の行くところには必ず野球があった。なければそこに野球を作った。身長一五〇センチそこそこの短軀でしかなかったが、その身体には野球にかける情熱がいつもみなぎっていた。

一週間もしないうちに見事な野球場「セクションJダイヤモンド」が完成した。内野に芝生も植えた。「まるでメジャーリーグのインフィールドみたいだったですよ」と栗間は言う。

仮収容所の野球は娯楽ではあったが、強制的に収容されているという境遇では、娯楽以上の意味をもっていた。

「フローリンなんか、なかなかベースボール見られる一世はようけおらなかった。キャンプ

（収容所）入って一世の人にベースボールでも作って見せないかんと頭にあったから、五人がベースボールのこと決めたんです」

この五人とは収容所内の野球顧問委員会（Baseball Advisory Board）メンバーで、栗間のほか、ケン銭村、フレッド吉川、エド築村、トム藤田。いずれも戦前の日系球界で名を挙げた野球人である。

六月二一日、日曜の夜、はじめて野球ミーティングが開かれ、一二チームの代表者が集まった。

栗間が大切にしていたアルバムにあるフレズノ仮収容所新聞『フレズノ・グレープバイン』（ブドウの蔦の意、六月二七日）によれば、フレズノ仮収容所の野球はレベル別に二つのリーグを設けた。

一軍クラスのAリーグには、エルクグローブ、フローリン（以上、北加）、ボウルズ、フレズノ、ハンフォード（以上、中加）、デラノ（南加）の六チームが参加した。一チームの登録選手数一五。

二軍クラスのBリーグは、エルクグローブ、フローリン（以上、北加）、ボウルズ、フレズノ、ハンフォード・カブス、ハンフォード・ドジャーズ、マデラ、ノース・フレズノ

（以上、中加）の八チームで構成する。登録選手数二〇。

一人の選手がAB両リーグ戦に掛け持ちで出場することはできない。Bリーグ選手は野球顧問委員会が承認すればAリーグでのプレー可。

その他の取り決め事項はつぎのとおり。

野球用具は各チームがバットとボールを、各選手がグローブやシューズを揃える。

薄暮試合は開始午後六時一五分。午後八時三〇分以降は新しいイニングに入れない。六月二二日（夏至）以降は一日一分開始時間を早める。

デーゲームは午後一時四五分開始。午後四時以降は新しいイニングに入れない。

AB両リーグとも、まだ新チームの参加を受け付け中（一九四二年六月二七日現在）。


前述のように、戦前、カリフォルニアの北部と中部では、二世の野球は日系人の住む町ごとにチームが作られ、互いにしのぎを削っていた。強制立ち退き命令によって野球の盛んな西海岸三地域の住民が居住地域から根こそぎ引き抜かれ、そのまま移し替えられた場で始まったのが収容所の野球である。つまり仮収容所の野球にも伝統的な町別対抗方式をそのまま導入し、出身町チーム間のライバル意識を煽ろうというのだ。

六月二八日、日曜日、午後一時四五分プレーボールのBリーグ戦でフレズノ仮収容所の一九四二年野球シーズンは開幕した。ハンフォード・ドジャーズがフレズノを8－5で下したこの試合には、収容された日系人一五〇〇人が見物に集まった。夕方六時四五分、開幕戦の目玉、Aリーグのハンフォード対デラノ戦はハンフォードの勝ち（15－7）。観客はさらに増えて、全収容所人口の約六〇パーセントに当たる三〇〇〇人を数えた。

開幕一週間前にはオープン戦が行われ、フレズノがフローリンBを10－7で破った。仮収容所新聞『グレープバイン』（六月二四日）は、「ハードボール（野球）のゲームは大きな興味を呼んだ。リーグが結成されると、ナショナル・パスタイム（野球の意）は［収容所での］スポーツの王座を占めることだろう」と大きな期待が込められた。その予想を遥かに超える熱気でシーズンは開幕したのだった。

フローリンのシーズン第一戦（七月二日）の相手は銭村の率いるフレズノ。平均年齢三〇歳のベテラン揃いで、優勝間違いなしとの下馬評である。しかし先発ハーブ栗間は八回まで投げて散発4安打、1点に抑えた。フローリン打線もフレズノの繰り出す三投手に19安打で襲いかかった。フローリン、19－2の大勝。その後、フローリンはリーグ戦2連勝。仮収容所の手作りグラウンドでは、フローリンの黒縦縞ユニフォームの快進撃が始まった。

セクションJダイヤモンドでは月曜～土曜は各一試合、日曜日にはダブルヘッダーが組まれ、しかもシーズン開幕から試合のない日は一日たりともなかった。

七月一六日、3戦全勝同士のフローリンとハンフォードが当たったビッグゲームは、フローリンのハーブ栗間に対し、ハンフォードは下手投げシグ徳本をマウンドに送った。栗間は三回に2点ホームランを浴びて先行されるなど10安打を打たれる苦しいピッチングながら、打線が12安打と徳本を打ち込み、フローリンは5－3で接戦を制した。栗間3勝目。

栗間は仮収容所で二歳下の徳本とはじめて対戦したときのことを、「それまで一度も当たったことがないサブマリン（下手投げ）を最初は打てなかった。若いときはいい投手だったろうね」と言う。戦後五〇年の一九九五年、徳本の出身地カリフォルニア州ハンフォード市では野球場が新設され、「シグ・トクモト球場」と名付けられた。多年にわたり地元での少年野球の育成に貢献した往年の名選手徳本を顕彰したものである。

この逆転勝利でフローリンは総当たりの第1ラウンドを終えて、負けなしの4勝0敗、単独首位に躍り出た。

第2ラウンドに入ってもAリーグでのフローリンの好調ぶりは変わらなかった。八月四日、フローリン対ハンフォードのシーズン二回目の対戦。ハンフォード先発はやはり徳本。フローリンは初回、3安打に四球も加え、いきなり3得点と上々の滑り出しを見せ、その後も徳本を攻め計9安打6点を奪った。フローリンのマウンドは先発クーパー関川からハーブ栗間へとつないだ。この二投手からハンフォードは13安打を放つも、まずいベースランニングなどミスが重なり、得点できたのは二回の1点のみ。フローリンが第1ラウンドからの勢いそのままに強豪ハンフォードを6－1で破った。この試合から球場に拡声器が設置され、選手紹介やラインナップがアナウンスされ、三〇〇〇人を超える大観衆の期待に応えた。

フローリンの開幕からの連勝は8に延び、他チームを寄せ付けないリーグ戦の展開となった。そこで持ち上がったのは、八月一五日にフローリンが他のすべてのチームから選抜された二一選手からなるオールスターズ（ケン銭村監督）と対戦するエグジビション試合の企画だった。大方の予想は、もちろん粒ぞろいのオールスターズがフローリンを圧倒するだろうというものだった。結果は「しかし、優勢と見られたチームを相手に6安打散発2点に抑え、文句無しにハーバート栗間デーとなった」（『グレープバイン』）。栗間は六回まで2安打無失点と好投。フローリンは守備でも3併殺をやってのけ、オールスターズのチャンスをあっさりつぶしてしまった。

一方のフローリンの攻撃は一回、手堅く送りバントで二、三塁のチャンスを作り、適時打で

2点。五回は4単打を集中させ5点。七回にオールスターズはようやく2点を返したが、栗間完投。この日も観衆三〇〇〇人が詰めかけ、収容所新聞『グレープバイン』がはじめてボックススコアを付けて報じたほどの熱戦だった。

見物人の数は安定して毎試合数千人を記録した。八月四日のフローリン6－1ハンフォード戦も三〇〇〇人。

九月に入るとAリーグに変化があった。五日（土）にフローリンに手も足も出ず、関川投手の1安打完封で0－13と惨敗したデラノは黒星が続き、突如リーグ脱退を決めたのだ。デラノの選手はフレズノかボウルズに加わる措置が取られた。四チームに減ったAリーグはこれ以後、試合は週末のみとなった。

フレズノ仮収容所のリーグ戦第2、第3ラウンドに入っても、フローリンは負け知らずの15戦全勝で独走していたが、九月二〇日、銭村のフレズノに12－10で初黒星を喫した。好調の若手先発クーパー関川が立ち上がりにつまずき、二回に7点を奪われるなど三回までに10点を献上。フローリンはたまらず、ハーブ栗間を早くもこの回に救援に送ったが、栗間は最後まで投げきったものの5安打を浴び、さらに2点を許した。フローリン打線はAリーグ初登板のタク安保からマス木下への継投に10安打を放ったが、うまく逃げられた。日系球界のリーダー、ケン銭村の面目を施す勝利となった。

九月二六日、フローリンの次の対戦相手はまたしても好敵手ハンフォードである。ハーブ栗間は二回表2四球とライトの落球で満塁と攻められ、中堅手ヤス長野の適時打で2点を先制された。長野は中加野球連盟の一九四一年最優秀選手として『新世界朝日新聞』に評されたほどの強打者である。

さらに八回にも先発栗間は3連打され1点を追加された。0-3の3点差を追いかけるフローリンがようやく得点できたのは八回裏。1死球1四球と1単打で1点を返した。ついで九回裏にも2死から栗間がライト線を破る二塁打で2走者を迎え入れ、土壇場で同点とし、試合を振り出しに戻した。フローリンは延長一〇回裏2死からヒロ田原が死球、二盗、サム塚本の適時打で決勝の1点を挙げ、苦しみながら4-3と逆転勝ちをおさめた。栗間が10イニングを9安打3点で投げ抜き、この日も勝利投手。

さらにフローリンは一〇月四日、栗間の完投でボウルズを11-10で下した。野球シーズンが佳境に入るところだが、この試合をもってリーグ戦が突如打ち切られることになった。それというのも仮収容所から本格的な収容所への移動時期を迎えたからだ。そのため、この時点でフレズノのシーズンは終幕し、フローリン（17勝1敗）は一九四二年フレズノ仮収容所Aリーグ優勝と決まった。投手栗間の成績は10勝無敗。

栗間にはひとつの考えがあった。収容所ではカメラの持ち込みは禁止されていた。しかし、「増田さんが写真機をうまく持ち込んだのをぼくは知っとったんです」。それで記念写真を撮ってもらうことにした。栗間は応援してくれた一世たちにも一緒に写真に入ってくれと誘った。このとき一世を入れて撮影ができたことを栗間は後々までも、自慢話のごとく繰り返した。

「とても全部は写真に入りきらんけど、一世はとても喜んでくれてね。一世を入れたもんだから一生懸命世話して、お金も出してくれましたよ、喜んで。こういうことはネバーないんだから、みんな喜んで。ぼくよりか［年］上の人がおるんだけど、そういうこと気が付かないんです」

一世と一緒に優勝記念写真を撮ることがどれほど大きな意味をもっていたことか。収容所で一世と二世が一緒に野球の記念撮影したのは後にも先にもこのときだけだった。

八月二二日付『グレープバイン』は、収容所の日系人にとって野球の意味するところとはどんなものかを論じている。「試合見物人の大多数が一世。野球は一世居住者にとって大きな慰めであり娯楽となっている。…もし野球がなければ、これらの熱心なファンには大打撃となろう」

1942年Ａリーグ優勝のフローリン・チーム　フレズノ仮収容所にて　Herb Kurima氏提供

〔本書の野球写真にある試合名や選手名などの文字は，すべて栗間が書いていたものである〕

一〇月七日、セクションJダイヤモンドはお別れムードに包まれた。本格的な収容所への出発を前にして、日系球界のリーダー、ケン銭村の仮収容所野球への功績に感謝するオールスター戦で幕引きとした。Aリーグから選抜された選手がカーディナルズとヤンキーズ（二日前に終わった大リーグ・ワールドシリーズ出場チーム名）に分かれて対戦する仮収容所のサヨナラ行事である。観衆一五〇〇人が見つめる中、四回終了後のセレモニーでは、参加選手全員のサイン入りボールが銭村に贈られた。試合は5－5の引き分け。この試合、栗間はカーディナルズに選抜されていたが、実際には試合運営の裏方にまわり、マウンドに上がることはなかった。

フレズノ仮収容所は一九四二年一〇月三〇日、正式に閉所となった。栗間は語りたがらなかったが、この収容所で一家は病気の長男トヨキを亡くした。

コラム　1　「カリフォルニア日系人野球の父」と呼ばれるケン銭村

南加ロサンゼルスで生まれ育った元「LA日本」の捕手、ミン渡辺稔も、ケン銭村健一郎（一九〇〇～六八）を、「カリフォルニア日系人野球の父」と呼びたいと話してくれた。その理由は何だろうか。

銭村は、ホノルルの日系二世チーム朝日の遊撃手だったが、一九一九年シーズンを最後に一念発起、「本場野球」に憧れてアメリカ本土に渡った。カリフォルニア州中部のブドウの産地フレズノに落ち着き、野球への情熱を二世に広げて行った。

一九二一年四月、銭村がフレズノにやってきてまだ間もない頃、サンフランシスコの日米新聞社が「全加州日本人野球大会」を開催した。これが日系人社会の歓迎するところとなり、大きな人気を呼んだ。それまで各チームバラバラに対戦していたのを、優勝を目指しての組織的な大会方式へと組み立てたのだった。その決勝戦で、主将と遊撃手を兼ねた銭村のフレズノ体育会（中加代表）は、サクラメント日本（北加代表）に惜しくも5－6で敗れた。

大会の大成功に気をよくした日米新聞社は、「毎年野球大会主催」を発表した。翌一九二二年第二回大会は、予選を勝ち抜いた四地区代表による総当たり方式に変わり、四月三〇日、銭村率いるフレズノ体育会が前年の覇者サクラメント日本を6－5で下し、3戦全勝で優勝を飾った。優勝旗と銀盃を受け取った銭村は「御蔭で本年は全勝の光栄を得ました、之は同僚選手が攻守共に奮戦して呉れた結果です」と感慨無量の表情で語っている（『日米』一九二二年五月一日）。大会を通してMVP級の活躍を見せた銭村を日系新聞は「遊撃の要所に踏み止まつて能くチームを統率する奮闘振りは全く布軍（フレズノ体育会）をして今日あらしめたるものなり」と評した（『羅府新報』二二年六月一四日）。

面白くないのはロサンゼルスの南加日系球界の面々だった。この大会はカリフォルニアの日系チームのチャンピオン大会と謳っているが、北加・中加の代表は出ていても、南加だけは蚊帳の外に置かれたからだった。この大会で優勝したからといってカリフォルニア全体のチャンピオンを名乗るとはもってのほかだ、と。しかし、大会主催者の日米新聞社にも南加を外した言い分があった。「南加羅府には現在チームなく無理に組織して参加するも勝利覚束なしとあれば以上の参加軍を以て全加州の粋を集めた訳である」（『日米』二一年四月一〇日）。

そこで南加日本人リーグは真のカリフォルニア日系チャンピオンはどのチームかを決めようではないかと、フレズノ体育会をロサンゼルスでの3連戦に招待した。ロサンゼルス日系人社会は前代未聞の盛り上がりの中でその日を迎えた。南加はリーグ所属八チームから選抜した羅府オールスターズを編成し、練習を積んで本番に臨んだ。一九二二年六月二四日、二五日の週末、ホワイトソックス球場で、フレズノは土曜日に16－6で大勝すると、日曜日のダブルヘッダーにも19－2、13－9でロサンゼルス選抜を連破し、別格の強さを見せつけたのだった。フレズノ体育会はプルマン客車三輌をチャーターするなど二五〇人もの応援団を送り込み、そのことにもロサンゼルスの野球ファンはすっかり圧倒されてしまった。

地元選抜チームの大敗北は南カリフォルニア日系球界に大きなショックを与えた。ロサンゼルスの日系紙の反応。「どうだあの様は、テンデ問題にならねいぢやねいか、能くまあ彼のチームで図々しく布軍なんぞを呼んだものだ」（『羅府新報』六月二八日）。

歴然とした力の差に、南カリフォルニアの日系球人ははじめて自分たちの井の中の蛙ぶりから目を覚ましたのだった。渡辺は語る。

「ロサンゼルスに日系野球チームがあったことはあったが、それはたいてい日本から来た一世や古手の二世がやっていたものだった。銭村のチームがフレズノからやってきたので、それに対抗するチームを作ることになった。それがロサンゼルスの二世野球のやりはじめですよ」

銭村が「カリフォルニア日系人野球の父」とされるエピソードのひとつである。

南部アーカンソーへの再移動

仮収容所の一九四二年シーズンが幕を閉じた一〇月、日系人は本格的な収容所へと再移動を強いられることになった。日系人を西海岸一六か所の仮収容所に収監している間に、戦時転住局（War Relocation Authority, WRA）は突貫工事により「戦時転住所」（War Relocation Centers）と名付けられた米国内一〇か所の本格的収容所への日系人受け入れ準備を整えた。いずれも荒れ地や湿地といった辺鄙な土地ばかりで、これまで不毛の地に挑んで開墾してきた日本人移民にとっても想像以上に厳しいところばかりだった。それが日系人の隔離収容にあてがわれた土地だった。

　ツールレークとマンザナー（ともにカリフォルニア州）、ミニドカ（アイダホ州）、トパーズ（ユタ州）、ポストンとヒラリバー（ともにアリゾナ州）、ハートマウンテン（ワイオミング州）、グラナダ（コロラド州）の八つの収容所はアメリカの西部諸州に位置していたが、ジェロームと

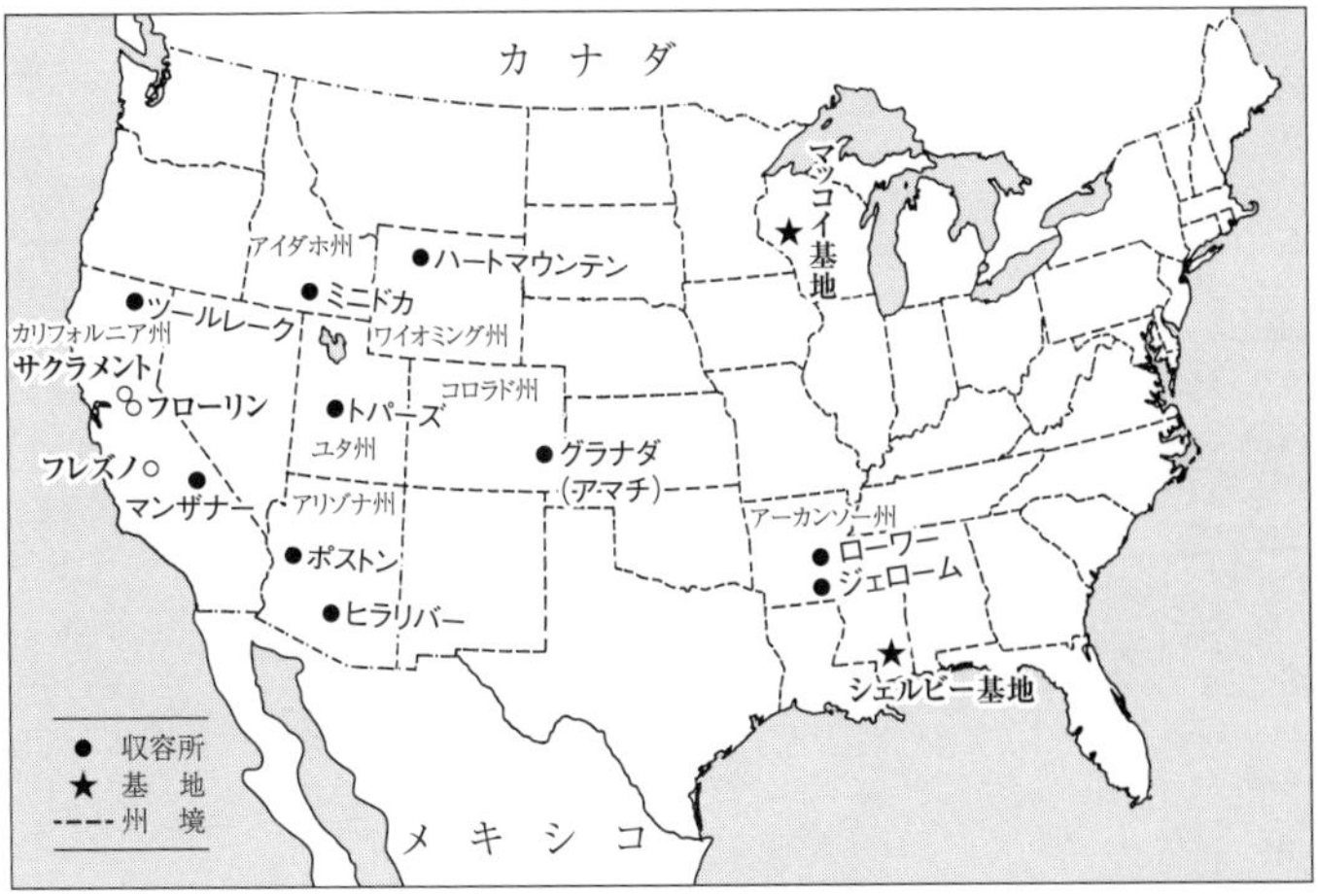

日系人戦時収容所10か所

ローワーの二つの収容所だけはカリフォルニアから遠く離れた南部アーカンソー州の南東部、ミシシッピ川流域のデルタ（湿地帯）に設置された。

アメリカ合衆国を東西に二分するかのように流れるミシシッピ川。その流域に広がるデルタには深い森が広がる。ジェローム収容所（一九四二年一〇月六日開所、一九四三年二月一一日の最大時人口八四九七人）はその森を伐り開いたところにあった。栗間一家もフレズノの日系人の大多数とともに、ジェローム行きになった。しかし銭村はこれに漏れ、妻と息子二人とともにアリゾナ州のヒラリバー収容所へ移ることになった。ヒラリバー行きは一五六人。ほかにもマンザナー、ツールレーク、トパーズの各収容所へ移動させられる者がいた。

フレズノからジェロームへは一〇月一二日に第一団が出発。全部で一〇団に分けての移動となった。それに先立ち一〇月二日、先遣隊一八五人がジェロームに向けてサザンパシフィック鉄道の駅から出発した。先遣隊がアーカンソーから送ってきたフレズノへの通信には、ジェロームではヘビや毒虫に加え、サソリやマラリヤ蚊が繁殖しているとあり、移動を前にした日系人を怯えさせた。その手紙には一匹の大きな蚊が押し花のように挟まれていた。それは被収容者の不安を一層かき立て、「天ぷらにできる大きさの蚊」との話が広がった。その一方、仮収容所新聞『グレープバイン』には、躍起となってそうした不安を打ち消そうとする情報がつぎつぎに掲載された。「心配されるワニやヘビはいない」「水は硫黄の味がするが、州内では最高の水質」などと盛んに快適さを訴えていた。その後の先遣隊の情報からは、「気候はパーフェクト。フレズノセンターの住人は心配無用。すべては信じていたよりもいい」とあったが、実際にはどうであろうとも、日系人には「アーカンソー州ジェローム、われらの戦中のホーム」を受け入れるしか選択肢がなかった。それに収容所生活がいつまで続くのかさえわからないのだ。

移動を前にもたらされたジェローム収容所の情報はつぎのとおり。

海抜一五〇フィート（四五メートル）
高温多湿の長い夏期、穏やかで雨の多い冬期
湿度は当地フレズノの七倍
耕作日数、年間二三〇日
一月の平均気温華氏四五度（七・二℃）

七月の平均気温華氏八三度（二八・三℃）
年間降雨量六一インチ（一五五センチ）

移動を巡っての注意事項があわただしい中で告示された。列車に持ち込める荷物は到着後数日分に必要な物に限る。その他は貨車で先に輸送する。車中では着替えなどできず座席で寝るため、ゆったりした服装にすること。

ハーブ栗間一家は四七三人の第二団に加わった。一〇月一四日午後二時半、列車に乗せられ、四か月半を過ごしたフレズノ仮収容所をあとにした。車中にはMPの腕章をつけた兵士が同乗した。栗間は、この先どうなるのかわからなかったが、とにかく野球道具だけは持っていくことにした。

「あの頃の汽車はええ汽車やないから。ガタガタの汽車。昼も外見られんようにカーテンが下ろしてある。外からも誰が乗ってるかインサイド見られんようにしとんのでしょ。三晩ぐらい乗っとったですよ。カリフォルニアからアーカンソーは遠いから」。距離にして二〇〇〇マイル超、缶詰状態での四泊五日の長旅だった。

第五章　アーカンソー州ジェローム収容所

バラック生活の始まり

カリフォルニア州エルクグローブで暮らしていたテッド山田庄太郎も両親と妹、弟、妻と子ども三人と一緒にフレズノ仮収容所を経てジェロームに移された。テッドは先に触れた栗間のハイスクールのチームメイト、フランク山田伝の長兄である。一九八九年にロサンゼルスでジェロームの体験を訊くと、「不思議でならんわ」と首を傾げた。テッドはエルクグローブに生まれたが、両親の故郷和歌山県の山深い日高村で一八歳まで過ごした。青少年期を日本で過ごしたいわゆる「帰米二世」である。

「日本では、ぼくはあんなとこ知らんな。ミシシッピ川の沿岸だから土地は平坦です。平坦

フランク山田伝の兄テッド山田（右）と弟ジョージ山田　ジョージは日系442連隊に所属し，イタリア戦線で重傷を負った　1989年11月25日ロサンゼルスのテッド山田宅で著者撮影

の中に大木が林立している。和歌山の奥の方に行ったら大きな木が林立している。あれと同じこと。森ですよ、本当の森ですよ。キャンプ（収容所）の塀を越えたらずうっと森。あそこの冬は寒いからね、薪伐りにぼくら行ったよ。あんな平坦なとこであんな森になる。不思議でならんわ」

ミシシッピ川の湿地帯に設けられたジェローム収容所の敷地は一辺約一マイル、五二〇エーカー。その外は一万二〇〇〇エーカーのヒッコリー（北米原産クルミ科）とオーク（ナラ、カシ）など大木の深い森に覆われていた。

ジェロームとローワーの地が収容所に選ばれたのはなぜか。戦時転住局（ＷＲＡ）は、とにかく緊急に収容施設を用意しなければならなかった。そのため、手っ取り早く連邦政府の所有地を選んだのである。一九三九年に農業保障局（Farm Security Administration）は貧しい小作人を定住させる目的で両方の土地を取得していたが、そのまま放置していたものを戦時転住局に譲渡したのだった。農業ができることと、都市部からの遠隔地だったことが収容所地にはうってつけの理由となった。

一九四二年一〇月一八日、栗間たちがミズーリパシフィック鉄道線で到着。収容所前で汽車から降ろされると鉄条網の柵が目に飛び込んできた。ライフルを抱えた兵士が、そこに連れてこられた一人ひとりを監視塔からにらんでいる。木造の監視塔は全部で七か所に設置されていた。フレズノ仮収容所新聞『グレープバイン』（一〇月一四日）は、監視塔の「主たる目的は不審者の侵入を防ぐため」と報じていた。しかしよく見ると、鉄条網の上端は収容された者が逃げ出さないようにと内側にかえしがついていて、刑務所同然の作りだった。長旅を終えてたどりついた日系人は仮収容所よりも快適な住まいを当てにしてきたのに裏切られた思いがした。

住居となるバラックの部屋が各家族に割り当てられ、収容所生活が始まった。所内は五〇のブロック（区）に分けられ、学校や病院もあり、ニュータウンが突如として森の中に出現したようなものだった。そのうち三六ブロックが住居用で、各ブロックには番号が付され、住所は番号で呼ばれた。各ブロックには一二棟のバラックが立ち並ぶ。そのほかにメスホールと呼ばれる食堂があり、シャワー場、洗濯場、便所はいずれも共同使用だった。しかし、入所時には大方のバラックはまだ配管工事が終わっておらず、水の供給ができなかった。風呂、暖房（薪ストーブ）、洗濯場、食堂の施設が完成していないところもあった。「行ったときに、まだ工事が済んでないバラックが大部ありました」（栗間）

住居となるバラックは実際ひどいものだった。安物の松材を組み、壁は合板にタールペーパーを貼っただけのもの。バラック一棟の大きさは長さ一二〇フィート（三六・六メートル）×幅二〇フィート（六・一メートル）で、長屋式に六つのユニットに仕切られ、六家族、約二五人の住まいとなる。一つの部屋が二〇×二〇＝四〇〇平方フィート（三七・一六平方メートル）。隣のユニットとの仕切りは板一枚で、話し声は筒抜け、プライバシーはない。簡単なベッドはあっても、テーブルや椅子はくず材を使い自分たちで作らねばならなかった。

入所前の噂に違わず、カメや毒虫のほか、ガラガラヘビが出てきてたびたびヘビ退治に駆りだされることになる。おまけに便所や風呂場にはサソリが出るので油断できなかった。

一九四二年一一月のジェロームはあわただしさの中に過ぎていった。三日、フレズノ仮収容所から最後の一団四一九人が到着し、これでジェローム収容所人口は七六七八人に増えた。その一方、早くもジェロームから出ていく者もいた。一人は東部の女子大ラドクリフ・カレッジに向かった。カンザス州やサウスダコタ州のシュガービート畑での収穫作業（日給六ドル五〇セント）の募集に応じた者、中西部や東部へ家事労働の職を得ていく者、さまざまである。戦中のアメリカは労働力の不足に苦しんだ。とくに農業分野での人手不足は深刻で、中西部の農家は働き手を求めていた。このように仕事を得て収容所から出て行くことを「外部転住」や「外住」と呼んだ。

またミネソタ州サベージ基地から陸軍情報部（Military Intelligence Service, MIS）が日本語通訳兵の募集にやってきた。真珠湾攻撃後、徴兵法は日系二世を不適格な4Fや4Cに分類したが、その間にも太平洋戦線で必要不可欠な日本語情報兵通訳兵は例外としたのである。一一月一三日、応募者の中で試験にパスした一一人の二世がミネソタへ出発した。

一一月九日、ジェロームでの最初の給料日だった。収容所内の仕事には給料が支給された。仕事を拒否しても罰せられることはなかったが、ほとんどの被収容者が何らかの仕事に就いた。仕事そのものはキャリアにつながるわけではなく、懸命に働くことはなかった。報酬もやる気にさせる金額ではなかった。単純労働は一二ドル、一般的な仕事一六ドル、専門職・監督職の一九ドルの三クラスに分けて月給が支給された。その金額はアメリカの最低賃金（月一九ドル）を超えない、とか、収容所の外での就労を促進するためにあえて低く設定したとされる。栗間はコミュニティ活動の仕事に就いた。その中にスポーツ部、教育部などがあり、スポーツ部は主に野球をやっていた。その責任者エド築村秀一は「アスレティック・ディレクター」（体育部長）で、そのアシスタントの栗間も「専門職」として最高額の一九ドルを受け取った。

三〇住居ブロックの代表者によりコミュニティ・カウンシル（収容所内自治会）が組織されることになった。管理局と住民の仲介としての役目、自治の向上、問題発生時の管理局との交渉が主たる役割である。一一月一七日にブロックごとの代議員を決める選挙が行われ、投票率七三パーセントと強い関心が示された。被選挙権は二一歳以上のアメリカ市民に限られ（有権者数五〇八〇、投票者数三六八五）、一世の就任は認められない。ハーブ栗間は代議員には立候補しなかったが、彼のバラックのある「ブロック9」の選挙管理人を務めた。

アーカンソーのはじめての冬は、雪や寒さとは無縁だったカリフォルニアからの日系人にはつらかった。寒い日には摂氏マイナス一五度まで気温が下がる。所内でただひとつの大仕事は、暖房設備の薪ストーブの燃料にする木材を鉄条網の外の森から自分たちで伐り出すことだった。一九四二年のクリスマスを前にして、収容所バラックでの冬を乗り切るのに必要な薪の供給が遅れ、しかも日系人にとってははじめての森林伐採作業ははかどらず、ジェローム収容所は燃料不足の深刻な事態に陥った。直径一・二メートルの大木オークを伐り出す作業には、食堂から人手を回す等の対応がなされた。木材の中でも一番多いのがオークだったが、野

北東方向を臨むジェローム収容所全景（アーカンソー州）U. S. War Relocation Authority. Special Collections, University of Arkansas Libraries, Fayetteville 提供

球のバットに適するアッシュ（とねりこ）とヒッコリーも豊富にあった。

大幅に遅れていたのは学校の準備だった。小学校二校（一年生～六年生、一〇〇〇人）とハイスクール一校（七年生～一二年生、一二〇〇人）が一九四三年一月四日にようやく開校した。収容所内の学校教員（半数が白人）にはアーカンソー州の公立学校教員の二～三倍の給料が支給され、収容所外の教員をうらやましがらせた。たとえばアーカンソー州のハイスクール教員の年給は八五九ドルだったが、所内のデンソン・ハイスクールで教えれば二〇〇〇ドルだった（Anderson, "Early Reaction in Arkansas"）。「デンソン」とは地名で、ジェローム収容所の合衆国郵便の宛先である。そのため「ジェローム」の代名詞として使われることが少なくない。たとえば、所内の高校名は「デンソン・ハイスクール」。野球のジェローム・オールスターズは「デンソン・オールスターズ」と言い換えられることがある。

所内の暮らしは窮乏生活に違いなかった。ほしい物は所内の購買部では事足りず、近くの町レークビレッジやマギーに監視付きで買い物に出た。生地、裁縫道具、化粧品、シャンプー、玩具、書籍、雑誌などを買いあさり、一団が帰ったあと商店の棚は空になっていたという。当然のことながらモンゴメリーウォードやシアーズ・ローバックなどカタログ通販会社も利用された。

収容所リーグの結成

一九四三年一月二六日の朝、一面に銀世界が広がっていた。冬には気温は零下に落ちるが、例年だと雪が降っても積もることはまずない。しかしこの冬は雪が多かった。収容所内のあちこちに雪だるまが現れた。

春の声を聞くと、栗間たちはフレズノでの経験から野球場造りにとりかかった。ハイスクールには運動場もあったが、収容所敷地の真ん中に位置する「ブロック21」内の北側に所内でもっとも整備されたグラウンドを造ることになった。収容所の中でもこのブロック21の空き地は他のブロックの二つ分の広さがあり、野球場ひとつ分取っても、まだその南側にフットボール場が設けられるほどの大きさだった。

仮収容所と違って、野球場建設はずっとスムーズに運んだ。今度は収容所管理局に言えば人手も材木も集まった。むしろ管理局は収容者のレクリエーションのために球場造りを積極的に支援したからである。大木の切り株を除去するためには管理局から支給されたダイナマイトまで使えた。

外野フェンスこそ立てなかったが、グラウンドの大きさの点ではプロ野球の球場に決してひけを取らない。本塁打が出るとすれば、すべてランニングホームランということになる。一塁側と三塁側には一〇段ほどの簡単な見物席を作るのも忘れなかった。アメリカでは観客スタンドのない球場はどんな片田舎でも野球場とは呼ばない。完成した「ブロック21ダイヤモンド」（廿一区野球場）はフレズノ仮収容所の「セクションJダイヤモンド」にそっくりだった。幼子が「この野球場はフレズノから持ってきたの？」と兄に問いかけたというエピソードが所内新聞『デンソン・トリビューン』のコラム記事に残っているほどである。

ところで、ジェローム収容所についての一次史料としては『デンソン・トリビューン』（日本語紙名『デンソン時報』）に敵うものはない。タイプライターを使った謄写版印刷で、週二回（火曜と金曜）発行された。発行部数三五〇〇。二世が執筆編集を担当したが、当然、管理局のチェックを受けた。日系人の声を収容所管理局に伝えるとともに、管理局からの広報の役目を担った。収容所にいれば、情報のほとんどは収容所新聞にたよることになる。収容された日系人には日米戦の戦局が大きな関心事であったはずだが、『トリビューン』は、これをほとんど伝えていない。A4サイズほどの紙面は英語面が六頁（スポーツ面あり）、日本語面が二頁。日本語紙面は英語に不自由な一世への情報提供のために必要だった。一九四三年三月の時点でジェローム収容者八五〇三人の内訳は、二世五〇八一人（59・8％。帰米七三九人〈8・7％〉を除く）で一世二六八三人（31・6％）の約二倍にあたり、収容所では日系人社会の主役が移民一世からアメリカ生まれの二世にシフトしていたことがわかる（Holley, "Jerome Relocation Center"）。

四月にバスケットボールのシーズンが終了すると、アスレティック・ディレクターのエド築村を中心にジェロームの野球熱が一段と高まった。一九四三年四月三〇日付け『デンソン・トリビューン』は、「野球が本格的シーズンへ、今週末に三試合予定」との見出しで、公式戦開幕前の「稽古試合」のスケジュールを発表した。春季オープン戦である。フレズノに倣ってレベル別にAB二つのリーグを設けることにした。

Aリーグには、優勝候補フローリン（北加）のほか、ボウルズ、ハンフォード（以上、中加）、ロングビーチ（南加）とハワイの五チームが参加。

Bリーグは、エルクグローブ（北加）、マデラ、フレズノ、ハンフォード（以上、中加）、ファウラー、ロングビーチ（以上、南加）とハワイの七チームで構成した。

ここでも日系人の町別対抗方式がチーム編成に引き継がれ、出身町名がチーム名となっている。ジェロームに収容されたのは、ロサンゼルス、フレズノ、サクラメントの各郡というカリフォルニアからの元住民で、栗間と同じフレズノ仮収容所から四七〇九人、サンタアニタ仮収容所から二四九四人が移動させられてきた。しかし、それだけではなくハワイ・ホノルル郡からの日系人も加わった。ハワイから第一団が到着したのが一九四二年一一月二三日、一〇七人。続いて第二団四三年一月五日、四四三人、第三団が四三年二月五日に二六一人、合計八一一人がハワイからジェローム収容所に送られてきた。ハワイからの日系人は主にブロック38、39、40の住居バラックをあてがわれた。

アメリカの準州だったハワイは真珠湾攻撃直後に軍政に変わり、日本の再攻撃に備えて戒厳令が敷かれた。首都ワシントンからは、本土西海岸のように日系人全員を対象とする強制排除収容をするようにとのプレッシャーもあった。しかしハワイの日系人口は、一九四〇年国勢調査によれば、一五万七九〇五人、ハワイ準州全人口の三分の一強（37・2％）を占める。日系人を根こそぎ収容すると経済活動がストップしてしまう。現実問題として、戦時のハワイには日系人の労働力が欠かせなかった。

そのためハワイでは西海岸のように日系全住民を対象にした収容はなかったが、真珠湾攻撃からの三日間だけでも、あらかじめ「ブラックリスト」に載せられていた日系人社会の指導者一四六六人が逮捕され、その後、ハワイと本土の収容所に送られた。仏教と神道の宗教指導者、日本語学校関係者、日本人会役員、ビジネス界の中心人物、漁師など、ハワイから本土の収容所へ送られた日系人は、その家族を合わせて一二一七人を数える。

ハワイの日系人はより日本を身近に感じているなど、カリフォルニアの日系人とは考え方にも違いがあった。そのため収容所では〝マイノリティ〟だったが、ハワイのプライドをかけてのリーグ参戦だった。ハワイと西海岸の日系人は同じ日系人でも張り合っていたのである。

熱戦に沸く球場「ブロック21ダイヤモンド」

雨で一日順延となった一九四三年五月九日、日曜日午後一時半、ジェローム収容所長ポール・A・テイラーはブロック21ダイヤモンドの投手板から野球シーズン開幕を告げる第一球を投げた。捕手も打者も収容所管理局の白人による始球式である。テイラーは一九〇八年生まれ、地元アーカンソー大学教授（農業専攻）からの抜擢であった。

始球式に続くAリーグ開幕試合は二〇〇〇人の見物人を集めた。それというのもフローリンの豪華投手陣対ハンフォードの「殺人打線」と前評判を呼んだからだ。それにフローリンにとってハンフォードのシグ徳本投手はフレズノ仮収容所以来の好敵手でもあった。

フローリン監督はハーブの従兄マック栗間。フローリンはハーブのほかにもアーニー栗間、クーパー関川、ジム谷川とピッチャーに若手の面子が揃っていた。この試合の先発はハーブの弟アーニー。しかし、二回裏、打者のアーニーは内野ゴロを打って一塁ベースに駆け込んだとき転倒し、左腕を骨折するアクシデントに見舞われた。そのため三回からは一六歳のジム谷川が代わって登板。しかし、すぐにハンフォードの強打者、中堅手ヤス長野にレフト線へ三塁打を許し、1死としたが遊撃手カズ柴田にも右中間を深々と破る三塁打を見舞われ、長野がゆっくりと先制のホームを踏んだ。

1点を追うフローリンは五回、ヒットで出たビル塚本をバントで送り、弟のヨシ塚本がセンターオーバーのタイムリー三塁打で同点とした。さらに遊撃手ヒロ田原がセンターへ犠牲フライを打ち上げ、2－1と逆転に成功、さらに1点を加えた。急遽登板したにもかかわらず谷川は2安打無失点の好投で九回へ入った。こうなっても食い下がるのがハンフォードである。トム藤田、シグ徳本の連続安打、ノリ佐木の四球で1死満塁と谷川を攻め立てた。フローリンはピンチと見るや、切り札ハーブ栗間を投入。栗間はすぐに次打者を併殺打に片付けてあっけなく試合終了。最後の最後にハーブが登板し、堂々と試合を締めくくったことになる。フローリンは三投手の継投と堅い守りで、フレズノ仮収容所での勢いそのままに開幕戦を3－1の勝利で飾った。

		得点	安打	失策
ハンフォード	001 000 000	1	7	5

フローリン　000　030　00×―3　6　1
バッテリー　(フ)アーニー栗間、(勝)谷川、ハーブ栗間―大町　(ハ)(敗)徳本―藤田

順調な滑り出しを見せたフローリンだったが、五月一六日思わぬつまずきを見せた。ダークホースのロングビーチは若手二投手、ティー税所とコー伊藤の継投でベテラン栗間に挑んだ。両チーム無安打で迎えた五回裏、ロングビーチ右翼手セト北原の簡単なライトフライをマック栗間がまさかの落球。北原は二塁に達した。さらに四球と内野のエラーがあり、ハーブ栗間は無安打で先制点を与えた。しかし次の六回表、フローリンの攻撃、先頭のヨシ塚本が四球、田原がヒットで続き、無死一、三塁のチャンスに、塚本兄弟のサムがコツンと当てた打球を捕手カワダがすばやく拾って一塁へ投げたが、これが悪送球となってランナー二人が生還。フローリンは2－1と逆転に成功した。

栗間は1点を取られはしたが、七回までノーヒットピッチングを演じて緊迫した投手戦となった。そして八回表。栗間はこの回先頭の伊藤に内野安打を許したが、続く二者を連続三振に切った。しかし強打のジム奥田を迎えたところで1点リードを守ろうと敬遠したのが裏目に出た。続くアキ・マトイに三塁頭越えのヒットを許し、2死満塁のピンチを招くと、次のフラ

ンク杉山にも同様の三塁越えを打たれ、二者生還し、試合を失った。ロングビーチは税所と伊藤の1安打継投で勝ったのだが、完投黒星のベテラン栗間もヒットは八回に許した3単打のみだった。無敵と思われたフローリンの敗戦は収容所ペナントレースを俄然、面白くした。

				点	安	失
フローリン	000	002	000	2	1	3
ロングビーチ	000	010	020	3	3	3

バッテリー　（ロ）税所、（勝）伊藤—カワダ　（フ）（敗）ハーブ栗間—大町

ブロック21ダイヤモンドに休みはなかった。ＡＢ両リーグ戦のシーズン中、平日の試合はすべて薄暮ゲームで、試合開始は夕方六時一五分。ちょうど夕食が終わる頃だった。ナイター設備はないが、夏は八時すぎまで明るい。それに一試合二時間はかからない。土日は午後二時に試合が始まる。「夕飯を五時か五時半に食べるでしょ。寝るまですることないし、楽しみがないんです。あそこに一万人おっても半分はベースボール見に来とりますよ」（栗間）

収容所の外からの目

日系人がアーカンソーに移動して間もない一九四二年一一月一三日、隣のローワー収容所で事件が起こった。収容所の外で木材伐採作業中の日系人三人がシカ狩りから帰宅途中の地元民に発砲され、二人が負傷した。地元民は警察の調べに対して「収容所からの脱走者と勘違いした」と話した。

アーカンソー州にジェロームとローワー両収容所が設置されたことは、州最大級の人工の町が突如として、しかも二つも森の中に出現したようなものだった。地元住民は、突然現れた敵国の血を引く日系人をこころよく迎えたわけではない。戦時の「必要性」に理解を示しながらも、望まない役割を背負わされた災難でもあるかのように反応した。

収容所建設前には「アーカンソーは〝ジャップ〟のゴミ捨て場にされる」との抗議の声も上がった。ホーマー・アドキンズ州知事には、日系人収容所を州内に設置する連邦政府の方針が明らかになったとき、逆らう術はなかった。ただ日系人をキャンプ内に閉じ込め、州内での農業従事を禁止し、州民の農業労働者と競合しないようにと注文をつけた。ジェローム近郊の町モンティセロ市選出の州下院議員ウィリアム・F・ノレルは、「開戦時アーカンソー州内にはジャパニーズは三人だったが、今や二万人を数える。戦争が終結した時点で三人に戻っていることを望む」との声明を発した。

これも隣のローワー収容所に関してだが、地元の一般紙『マギー・タイムズ』は一九四三年八月一九日、一面トップの社説で、「かれらはアメリカ人か?」と読者に問いかけた。ローワーの日系人の「がさつなマナーの悪さ」を問題にしたのだ。「日系人は大声で日本語を話し、マギーの住民の怒りを買い、真珠湾を想起させる。乱暴な振る舞い、しかめ面、冷笑……その結果、地元民は嫌悪感を抱く。もしもだが、かれらがアメリカ人と称するなら、なぜアメリカ人のように振る舞えないのか」と。

読者から大きな反響が寄せられたが、大方が社説への賛同だったとしながらも、一週間後の紙面に第二弾「われわれに偏見があるのか?」を掲載した。少数読者が「ジャップ」への偏見だとする批判に対し、「異議を唱える者の中には太平洋で戦っている夫や父や息子をもつ者が何人いるのか」「われわれ農民は労働力と農機具の重大な不足に直面しながら食糧増産を迫られている。われわれの税金で実際無為に過ごしている数千の日系人に寛容でいられるか。われわれの国旗に忠誠を誓わない日系人に政府が莫大な税金を使っていることに憤りを覚える」と応酬したのだった。

一九四〇年代のアーカンソー州は決して豊かとは言えない農業州だった。白人の小作農も黒人の物納小作人も地主から土地を借りて暮らしていた。とくにミシシッピ川のデルタ地帯は人口過疎地で、掘建て小屋暮らしの白人や黒人が少なくなかった。水道や電気どころか、家の中にトイレもない、学校も十分に整っていないという劣悪な環境が鉄条網の外にあった。

ジェローム収容所内には下水設備があり、共同の水道設備、各バラックに電気がとおって、病院もあれば、幼稚園からハイスクール一二年生まで教育を受けられる学校があった。デルタ地帯の多くの住民が享受できない居住環境が鉄条網の中にはあった。大恐慌以来の経済の停滞が尾を引く時代でもあったが、収容された日系人には毎日、各ブロックのメスホールで三度三度の食事が提供された。アーカンソー大学フェイエットビル校図書館所蔵の資料によると、メニューには贅沢とは言えないが三度ともデザートまでついている。

〈ある月曜日のメニュー〉

朝食

グレープフルーツ／オートミール／ゆで卵／トースト／マーガリン／ジャム／コーヒー／ミルク

昼食（ディナー）
ローストポークと豆／レタスのサラダ（ドレッシング付き）／パンプキン・パイ／ロールパン（温）／マーガリン／ティー
夕食
ポークヌードルスープ／ごはん／キャベツの漬け物／オレンジ／パン／ティー

アーカンソー州民からは、われわれアメリカ人は戦時に一刻も惜しまず働いているというのに収容された者たちは「木陰で寝そべっている」と、日系人への「特別待遇」へ嫉妬と怒りが向けられた。そこには同じアメリカ市民でありながら、突然住み慣れた土地から強制的に追い出され、自由と財産を奪われた人々の境遇を思いやる余裕などなかった。しかも相手は「敵国人」である。

収容所生活と「本気のベースボール」

収容所の中の暮らしは単調だった。栗間に言わせれば、「収容所の生活は簡単に言えば、寝て食べるだけのもの」となる。

耐乏生活にあり余るほどあったのは時間だけだった。裁縫、謡曲、囲碁、将棋、カードゲーム、チェス、生け花、花栽培、油絵、木彫りと、一見したところ収容所には趣味の世界が広がっていた。ＹＭＣＡ、ＹＷＣＡ、ボーイスカウトなどの活動も盛んだった。殺伐とした生活を少しでも潤いのあるものにしたいと、住居バラックの室内を飾り、庭も作り、花や野菜を育てた。収容所の周囲には豊富な大木がある。沼地に浸かりながら面白い形の木の根を伐り出して、家具作りに熱中する人たちもいた。

レクリエーション活動の中心はスポーツ。野球、バスケットボール、フットボール、レスリング、バレーボール、剣道、卓球など何でもやった。ただ施設はとても十分とは言えなかった。

栗間の話。「冬はピンポンしたり、バスケットボールなどどんなスポーツでもやった。剣道はひどいホコリの中でやっていた。あとで（戦後）立派な体格の人が早死にしたのはそのためではなかったかと思う」

「デンソニアーズ」という名のバンドがダンス会で演奏を引き受けたり、リサイタルや演芸会などのコミュニティ活動は、強制収容という境遇の人々のとかく落ち込みがちな気分を活気づける役目もあった。しかし、裏を返せば収容所生活は収容された人々にとって怒りと屈辱との苦闘の毎日だった。ひらたく言えば、時間をつぶす何かが必要だった。つまりあり余る時間との格闘でもあった。

とくに朝から晩まで働き蜂のように勤勉に働くことしか知らなかった移民一世にとっては、働きたくても働けないことは何よりつらかった。一世はそれまでの「帰化不能外国人」から、開戦により「敵性外国人」とされた。収容時には平均五〇歳を超え、英語もうまくない。ようやくアメリカでの移民労働で積み上げてきた成果を享受する年齢での強制退去収容である。それまでの生活と将来がいっぺんに奪われ、怒りよりもみじめな屈辱感に苛まれた。栗間たちが野球を収容所内で始めた理由にも、そういう一世たちへの慰めと連帯にも似た二世の思いが込められていた。

ハーブ栗間の父、小一は酒と刺身と玉子が大好きで、それを楽しみに働いてきた。夜中に一人起き出して玉子焼きを作るほどの玉子好きだった。一九四三年四月からジェローム収容所で毎日六〇〇丁の豆腐作りが始まり、小一もこの仕事に就いたが、息子のマウンド上の姿も収容所に来てはじめて目にしたのだった。

ジェローム収容所では野球試合に二〇〇〇〜四〇〇〇人が集まった。多いときには四五〇〇人に上った。グランドスタンド席は早い者勝ち。とてもおさまり切らず、あふれた観客は人垣となって外野をグルリと取り囲んだ。戦争前の町別対抗試合のときは農閑期であっても見物人が一〇〇人来れば上々だった。日曜日に休みも取れない一世にとって野球は子どもの遊びであり、見に行くものなどではなかった。一試合あたりの見物人の数は、この年（四三年）、大リーグの平均観客数六〇八五人にはおよばないが、マイナー最上級（AAクラス）の3リーグ平均一八〇〇人（インターナショナル・リーグ一八三五人／アメリカン・アソシエーション一八二八人／パシフィック・コーストリーグ一八〇一人）をはるかに凌駕している。

野球をやる二世の側にも大きな変化があった。

「キャンプ（収容所）では仕事いうても仕事ないでしょ。百姓さんみたいなえらい仕事ないからベースボール・プラクティスうんとできる。昔ベースボールをリタイアした人でも稽古すれば［選手の年齢は］三五歳くらいまでだから、すぐシェイプになってできる。だから割り方いいチームができたですよ。戦争前はイチゴ摘まないけんでしょ。あるプレーヤーは［試合に］出てこられない。そういうふうでなかなかみんな一緒になれなかったことが多いんです」

栗間は「割り方いいチーム」と言ったが、「自慢のチーム」と言いたかったのを謙遜しているようにも聞こえた。収容所には「イチゴ畑」はなかった。集まろうと思えばいつでも集まる時間があった。二世にしても一世の仕事の助けから解放されて野球に好きなだけのめり込むことができた。収容所時代が二世野球の黄金期と語る元選手も珍しくない。栗間が力を込めて言う。「だから、やる者も見る者もみんなベースボールが本気だった」

栗間は空前絶後の大観衆を背にして投げた。オールスターチームを組んで外部からの来訪チームと対戦するとなると、収容所中が一丸となってジェロームの花形スターを応援した。栗間は「キッチン（収容所の炊事係）が炊きたてメシを山盛り食べさせてくれた。そのうえ生玉子ものせてくれた」と、自分への期待の大きさを自慢げに、恥ずかしそうにだが話してくれた。

コラム 2　戦時収容所に送られた二世プロ野球選手——ジョージ松浦

日本プロ野球リーグ創設一年目（一九三六年）、ロサンゼルスを本拠とする日系セミプロチーム、LA日本からバッキー・ハリス捕手とサム高橋吉雄遊撃手が「名古屋」に入団した。シーズン途中に遅れて加わったのが二世投手ジョージ松浦一義（一九一〇〜九一）だった。東京ジャイアンツが二回目の北米遠征から帰国し、全七球団がはじめて顔を揃えた連盟結成記念大会の東京大会（戸塚球場）で、松浦は名古屋優勝の原動力として投打に活躍。球

ジョージ松浦　ロサンゼルスの自宅で　1989年11月24日
著者撮影

団スポンサーの『新愛知新聞』から、「不落投手力に併せて打力総力の攻撃を兼ねる松浦は最早動かぬ名古屋の至宝となり終つた」と絶讃された。松浦は三六年八月、ロサンゼルスから婚約者、ドイツ人の母と日本人の父との間に生まれたメルバ米村を日本へ呼び寄せ、名古屋のアメリカ領事館で結婚した。しかし日本での新婚生活は長くは続かず、そのシーズンが終わると二人はロサンゼルスに引き揚げた。

一九八九年一一月、ロサンゼルスの自宅に晩年の松浦を訪ねた。街中の瀟洒な住宅が並ぶウエスタン通りに、妻を亡くし、ロサンゼルス市警を退職したばかりの長男ウォルターと二人で暮らしていた。青年期にはハリウッド俳優に推されたほどの二枚目ぶりは、八〇歳を超えても所作の一つひとつが洗練されていた。日本プロ野球を辞めて帰国した理由を尋ねると、「兵隊に召集される前に親元に帰ってこい」と呼び戻されたと打ち明けた。日中戦争が始まる直前のことである。松浦の父親は日米二重国籍の息子が徴兵されるのをおそれたのだった。本人の本音はしかし、「まだ日本でやりたかった」。松浦の日本でのプロ野球は1

グラナダ収容所での松浦一家　右からジョージ，妻メルバ，父，長男ウォルター　Walter W. Matsuura 氏提供

シーズンにも満たない短いものだったが、23試合に登板し8勝9敗、防御率3・00。戦争前に日本プロ野球に身を投じたアメリカ本土・ハワイ出身の日系人選手の多くは日米の二重国籍をもっていたため、日本で徴兵されないようにと、日本国籍離脱手続きをすませてから米国パスポートで日本に渡った者も少なくない。

戦争に巻き込まれるはずではなかった松浦の人生も、真珠湾で大きく狂わされた。父、妻メルバと息子ウォルター渡とともに、サンタアニタ仮収容所からコロラド州グラナダ（アマチ）収容所行きとなる。所内の野球AAリーグ（五チーム）

ミネソタ州サベージ基地の陸軍情報学校でのジョージ松浦　前列中央
Walter W. Matsuura 氏提供

戦では一塁手に転向していた。四三年シーズン前期は打率・389（18打数7安打）と活躍し、収容所新聞が選ぶ上級AAリーグのオールスター（ベストナイン）では一塁手で選出された。

一九四二年一二月以来、アマチ収容所にもミネソタ州サベージ基地のMIS（米軍情報部）語学学校から通訳兵候補を募集にたびたび係官がやってきた。松浦は子どもの頃父親の故郷熊本で小学校に通ったことがあるため、日本語はまずまず自信があった。一九四三年一二月、三四歳の松浦は「志願して」MISに入り、日本語通訳兵の訓練を受けた。その後、陸軍第一一空挺団の通訳兵としてフィリピンの激戦地に派遣され、翻訳や日記の分析、捕虜の尋問にあたった。日本が本土決戦を唱えていたとき、松浦も米軍の日本上陸を目前に控え、死を覚悟していた。「通訳兵が沖縄で二六人死んだ。自分はラッキーだった」と語った。

戦前日本のプロ野球でプレーした選手の中で日系人収容所を経験したのは松浦だけである。戦後では、ケン銭村の二人の息子、ハワード健三とハービー健四（ともにフレズノ仮収容所からヒラリバー収容所）、ベン光吉勉（フレズノ仮収容所からジェローム収容所）とフィバー平山智（ポストン収容所）がいるが、四人とも広島カープでプレーした。

ハワイ日系「一〇〇大隊」

所内のリーグ戦に戻ると、Aリーグのハワイ・チームは大敗が重なり2戦2敗となった五月末、早々とリーグ脱退を表明した。ハワイからの収容者は少数であったが、ハワイのプライドを賭けてチームを仕立てた。しかし選手にあたる二世の年齢層が薄く、チーム編成が難しかったからだ。

一方のフローリンはハーブ栗間を抑えに回す戦術に出た。六月一三日ハンフォード戦に栗間が九回1死から救援に登り、7－6でこの試合をものにすると、ロングビーチとともに首位に並んだ。さらに六月二七日にボウルズに7－1で勝つと、4勝1敗で単独首位に立った。

収容所内のリーグは、すでに述べたように北・中部カリフォルニア時代の町別対抗野球の延長だった。しかし、しばらくするとジェロームでは願ってもない好カードが組まれることになった。

一九四三年七月のアメリカ独立記念祭の週末、東隣のミシシッピ州の南部にあるシェルビー陸軍基地（Camp Shelby）からハワイ出身の日系兵ばかりからなる第一〇〇歩兵大隊（The 100th Infantry Battalion）の野球チームが九〇キロの道のりをおしてジェロームまでやってきたのだ。自由を奪われた日系人同胞のための一泊慰問遠征である。

栗間たちは常日頃から管理局レクリエーション部に外からの強豪チームの招聘を要請していた。白人に遠慮がちで押しの弱いアスレティック・ディレクターのエド簗村に代わって、アシスタントの栗間がいつも交渉役を買って出た。

「キャンプのアドミニストレーション（管理局）、みな白人ですよ。運動係がおるんです。それに言うて、誰でもいいからアウトサイド（収容所外）の強いチームを呼んでくれ言うて。それで一番強かったのが一〇〇インファントリー（歩兵部隊）ですよ」

アメリカ合衆国は一九四〇年一〇月、平時における選抜徴兵制の実施に踏み切った。日米開戦までに徴兵は四回を数えた。ハワイ準州で徴兵された者はハワイ・ナショナル・ガードの第二九八歩兵連隊と第二九九歩兵連隊に配属された。総人口の約四〇パーセントを日系人が占めていたハワイ。徴兵された者の約半数の一四〇〇人以上が日系の若者だった。真珠湾を契機に二九八連隊と二九九連隊は連邦兵となり、日本の再攻撃に備えハワイ各島での海浜警備に当たっていた。カリフォルニアから交代の部隊が到着すると、日系兵はオアフ島スコッフィールド基地へ閉じ込められた。

ハワイ軍政府長官デロス・エモンズ将軍とジョージ・マーシャル陸軍将軍は日系人だけの部隊を「暫定歩兵大隊」とし、本土へ送還する挙に出た。日米戦争のターニングポイントとなったミッドウェイ海戦が日本軍の惨敗で幕を引こうとしていた一九四二年六月五日、日系兵一四三二人は輸送船マウイ号に乗せられ密かにホノルル港を離れた。船はサンフランシスコの対岸オークランドに到着した。そこで大隊は所属のない「第一〇〇歩兵大隊」と命名された。日系兵のみによる人種隔離部隊がはじめて正式に誕生したのだ。この部隊は列車に分乗し、内陸部ウィスコンシン州マッコイ基地（Camp McCoy）へ戦闘訓練のため送られた。

一〇〇大隊チーム「アロハ」誕生――ウィスコンシン州マッコイ基地

第一〇〇大隊野球チーム「アロハ」はマッコイ基地で誕生した。体育教師の経験のある副大隊長ジェームズ・ラベル大尉（一九〇七～二〇〇一）とモラールオフィサー（士気士官）の日系二世、米谷《こめたに》克己少尉（一九〇七～七九）が腕に自慢の野球経験者にチーム結成を呼びかけたのだ。ラベルが監督、米谷が助監督に就いた。

一九八九年一一月一六日、倒産した航空会社の破産管財人を務めるラベルをホノルル空港そばの事務所に訪ねた。ラベルは当時のチームメンバーたちを〝Our boys〟と呼び、一人ひとりの名前とポジションを挙げながら、「マッコイ基地周辺の小さな町々に野球チームがあったので、地元民との友好と日系兵のレクリエーションを兼ねて」とチーム結成の理由を語った。

ジェームズ・ラベル監督　100大隊アロハ・チーム　100th Infantry Battalion Veterans Education Center 提供

ラベルはネブラスカ州中央部の小さな町ヘイスティングス出身。地元の教員養成大学を経て、一九三〇年にハワイに移り、「トーキョースクール」と呼ばれるほど日系二世を多く抱えていたホノルルのマッキンレー・ハイスクールやローズベルト・ハイスクールなどで、陸上、野球、フットボール、バスケットボールをはじめスポーツなら何でも教えた。二世たちから尊敬を集めるコーチだっただけに、ラベルが大隊にいることで日系兵は安堵した。

一方の米谷助監督は一九〇七年一月九日ホノルルのカカアコ生まれの二世。ホノルル港では入港する太平洋航路の客船から海に投げ入れられる硬貨を潜ってつかむ「ワーフラッツ」（波止場のネズミ）と呼ばれる少年たちが、乗船客を楽しませる名物となっていたが、米谷もそのネズミの一匹だった。

米谷本人は一九七九年に他界しており、代わって弟のハロルド米谷がその硬貨つかみのトリックを証してくれた。「コインは海中に入ると［まっすぐに落下するのではなく］フワフワと揺れながら沈んでいく。つかむのは実にたやすい」。それで鍛えたおかげか、米谷克己はミッドパシフィック・インスティチュート（高校）卒業後、水泳選手の奨学金を得て本土のミシガン州立大学に進学し、ハウスボーイをしながらデンバー大学を経て南カリフォルニア大学デンタルスクールで歯科医となった。

一九三〇年にハワイに戻り、ホノルルのモイリリ地区で歯科医院を開業した。と同時に、自分ではプレーヤーの経験はないが、野球チームの運営に積極的に参加し、日系住民からは「ドクター米谷」と親しみを込めて呼ばれるようになった。ホノルル日本人シニア野球リーグ所属「吾妻」のリーダーを皮切りに、一九三六年に地元オアフ島日系最強チーム、朝日球団（一九〇五年結成）の七代目オーナーに就任した。ホノルルの朝日はハワイ日系人社会を代表するチームで、野球をやる日系人の子どもにとっては憧れの存在だった。つまり日系ベストメンバーを集めたオールスターズだったのである。戦前、日本プロ野球に登場したヘンリー・ボゾ・若林忠志、カイザー田中義雄、テッド亀田忠ら大物選手がここから育った。白人やハワイアンズ

米谷克己助監督　100大隊アロハ・チーム　100th Infantry Battalion Veterans Education Center 提供

（先住民）、中国、ポルトガルの民族別チームから構成されたハワイリーグは、一世の熱い声援を背に受けた二世たちの民族対抗戦の舞台となった。朝日は日系移民社会の無形共有財産でもあった。そのため日系人社会のリーダーが代々その球団オーナーを引き継ぐのを伝統としていた。

日本軍による真珠湾攻撃はハワイの日系人たちに危機感をもたらした。開戦二か月後の一九四二年二月八日、ハワイ軍政府は日系二世のリーダーからなる日系非常時委員会（Emergency Service Committee）を組織したが、米谷もそのメンバーの一人だった。それは、日系人のアメリカへの忠誠を確実なものとすることを目的に、日系住民のアメリカ化運動を推進した。県人会などの日系団体は解散させられ、日本語学校は閉鎖された。献血運動、戦時債券の購入キャンペーン、志願兵の募集、「東京に爆弾を」運動などが主たる活動内容だった。各地のプランテーションを巡回し、集会を開いて戦時協力を推し進めたのである。

活動のひとつに、敵国語の禁止、「英語を話せ運動」という日本語一掃運動があった。街中から日本語の看板は撤去され、日系新聞も『日布時事』は『ハワイタイムズ』、『布哇報知』は『ハワイヘラルド』へ改名し、「日本人病院」は「クアキニ病院」と変わり、米谷がオーナーを務める朝日チームは「アスレティックス」と改称した。

日系非常時委員会は、下駄や足袋を止め、食事では箸ではなくナイフとフォークを使うよう指導までして日本色の払拭に努めた（島田『戦争と移民の社会史』）。

米谷は三六歳で三人の子どもがいたが、日系兵だけの部隊結成を聞いて志願した。一〇〇大隊に参加したため留守中は、日系非常時委員会と協力関係にあったホノルル警察連絡部（日系担当部）ジャック・バーンズに朝日（アスレティックス）を任せての出征となった。戦後一九六二年にバーンズは日系住民の圧倒的な支持を得て、ハワイ州知事に選出されている。

歯科医の米谷がなぜモラールオフィサーとなったのか。弟ハロルド米谷は「モラールオフィサー」と言わず、「チャプレン」（従軍牧師）という言葉を使った。「志願したが一〇〇大隊の軍医のポストはすでに二人の外科医によって埋まっていたため、畑違いの『チャプレン』という肩書きをもらった。兄は宗教者ではない。一〇〇大隊のホノルル出発三日前に入隊が決まった」

米谷は白人将校と日系兵の間に立ち、二世兵士の相談相手となるのが役目だと自覚していた。

ラベルと米谷の呼びかけに応えて集まった日系兵選手のほとんどがハワイ各島の日本人シニアリーグの経験者だった。「シニア」とは最高レベルを意味する。米谷は自分がオーナーだっ

100大隊アロハ・チーム，ウィスコンシン州マッコイ基地で結成　前列左から3人目マサル・タケバ（戦死），5人目ワタル兼品，6人目マッシー宮城（戦死），7人目タートル大宮／2列目：2人目セイジ谷川，3人目ジョー高田（戦死），6人目レフティ水沢，7人目ゴロウ森口／3列目：5人目アキラ秋元，6人目アル野崎（戦死），7人目ヘンリー西山（戦死），9人目ヒデ山下，10人目サダシ松並／後列左から米谷克己大尉，ファラント・ターナー大隊長（大佐），ジェームズ・ラベル少佐　Seiji Tanigawa 氏提供

たホノルル朝日の三選手、ジョー高田繁雄外野手、ゴロウ森口護郎投手、ヒデ山下秀雄捕手をチームの中核にすえた。セミプロの朝日はハワイ日系球界の最高峰と誰もが認めていたからだ。マッコイ基地で撮影されたチーム写真がある。選手二七人、スコアキーパー四人、監督ラベル、助監督米谷とともに初代一〇〇大隊長を務めたファラント・ターナー中佐の姿が見える。胸に「ALOHA」の文字が入ったユニフォームはハワイの日系人からの寄付金によるもので、ウィスコンシン州ラクロスの業者に注文して作ってもらった。

一〇〇大隊野球チーム「アロハ」の主要メンバー

投手　サダシ松並、レフティ水沢、ゴロウ森口、シュンジ鈴木、セイジ谷川
捕手　ワタル兼品、ヒデ山下
一塁手　タートル大宮、ジョン山田
二塁手　アキラ秋元、タダオ・ホンボ、マッシー宮城
三塁手　ヨーゾー山本
遊撃手　サミュエル・トマイ
外野手　ケネフ・カネコ、アル野崎、ジョー高田

アロハ・チームは一九四二年七月から九月初めまでの期間、はじめはマッコイ基地近隣の町スパルタでシビリアン（民間人のセミプロ）と試合をしたが、しだいに距離を伸ばし、ウィスコンシン州のバイロカ、キャシュトン、ホワイトホール、マディソン、バラブー、グリンウッドやミネソタ州まで出かけた。その成績は6勝4敗。

ラベルの話。「選手は約四〇人。三チームに編成し、この三チームに選手を振り分け、日曜日の試合には、三つの町に一チームずつ送った。ウィスコンシン州にはステートリーグがあったので、それと対戦できる強いチームを一つ作った。ウィスコンシン・ラピッズやグリーンベイ、ラクロスまで出かけた。遠征にはいつもウクレレ、ギターの音楽バンドと歌手を連れて行き、試合前、試合の合間、試合後に観客を楽しませたものだ」

100大隊アロハ・チームの監督を務めたジェームズ・ラベル　1989年11月16日ホノルルにて著者撮影

一〇〇大隊野球チームとハワイ式エンターテインメントは喝采をはくし、地元民との友好的な交流をはかった。日系兵たちは住民のディナーに招待されることもたびたびで、「マナーのよさと教育水準の高さ」は評判になるほどだった。

一〇〇大隊のマッコイ滞在期間の好ゲームはウィ

スコンシン・ラピッズ（ウィスコンシン・カウンティ・リーグの首位）との2試合、どちらも負け試合だった。第一戦ではレフティ水沢投手が7イニング、7安打散発、5奪三振と好投。アロハが八回表に3得点し、7－4とリードしたが、その裏、水沢から代わったシュンジ鈴木が5点を奪われ、アロハは惜しくも逆転で敗れた（7－9）。

その一方、アロハ選手は七月から単独チームとしてではなく、マッコイ基地内の別部隊のチームに加わって基地周辺のチームとの試合を重ねた。

ホノルルのカモク通りには帰還した日系兵が戦後に結成した「一〇〇大隊クラブ」がある。同大隊には補充兵を含め合計三三〇〇人が所属したが、今では生存者は五〇人を数えるだけである。建物内のホールにはアロハの野球ユニフォームや記念の品、賞状が展示され、大隊の歴史を伝える教育センターとなっているが、平日はひっそりとして訪れる人も少ない。一九八九年にここを訪ねたときは、毎朝、七〇歳代となった元日系兵が大勢集い、大にぎわいの中でカードゲームなどを楽しんでいた。その一人、アキラ秋元（元ホノルル日本人シニアリーグ所属の西部チーム選手）は大隊当時の思い出をつぎのように語った。

「白人部隊チームがシビリアンとマッコイで試合をやった。それにまざってやったことがある。マッコイ基地のとき、MP（軍警察）のチームから誘われて、シビリアンとの試合に出た。

100大隊元アロハ・チームの２選手アキラ秋元（右）とセイジ谷川　バックは戦死者名の碑　1989年11月16日ホノルルの「100大隊クラブ」にて著者撮影

それはオレたちが［白人と］一緒にやれることを証明したんだ。見物人も楽しんでいた。土地の人々はわれわれにとても良くしてくれた。二塁を守っているとき、一塁後方に上がったファールフライを回り込んで好捕したら、一人の老人が観客席から飛び出してきて一ドル札を差し出すんだ。［いいプレーを］応援する気持ちはジャパニーズと同じだ」。そして秋元は笑わせた。「でもプロフェッショナルじゃないから受け取らなかったがね」

実際、マッコイ基地では日系兵士と白人兵とのケンカが絶えず、米谷は軍隊マットレスを畳代わりに使って、日系兵の中でも柔道に心得のある者を集め、練習させたという（荒『ハワイ日系米兵』）。

もう一人、アロハの捕手だったワタル兼品は故郷マウイ島でこう話してくれた。「マッコイのときは近くのタウンでセミプロを相手にたくさん試合をやった。一〇〇大隊チームだけでなく、MPのチームにピックアップされ、プレーした。水、土が試合日だった。一九四二年夏にはまだ寄せ集めだった一〇〇大隊選手は、［その後］ひとつのまとまったチームとなっていった」

一〇〇大隊は本土ではじめて体験する雪と寒さに悩まされながら七か月の猛烈な基礎訓練に明け暮れ、どの隊にも負けないほどの規律と戦闘技術を身につけた。

一九四二年一二月三一日、一〇〇大隊はマッコイ基地を列車で発ち、年が明けた一九四三年

100大隊元アロハ・チーム捕手ワタル兼品　1989年11月21日マウイ・ビーチ・ホテルにて著者撮影

一月六日、ミシシッピ州シェルビー基地に到着した。さらに四月からの約二か月間はルイジアナの湿地帯での高温多湿、ツツガムシやマダニ、蚊に苦しめられながら過酷な大演習をやり遂げ、六月一六日にふたたびシェルビーに戻ってきた。

シェルビー基地では、アロハ・チームはマッコイのときのように基地外の近隣チームとの試合に出かけるような、地元民との友好的な関係は築けなかった。人種差別の真っ只中の南部である。日系兵はバスやレストラン、公衆トイレなどで「白人」の扱いを受けたが、激しく差別される黒人への同情と差別する白人への怒りを禁じえなかった。自分たちも基地内での白人部隊との人種的衝突を繰り返した。

ジェローム収容所対「一〇〇大隊」

一〇〇大隊チーム来襲の報にジェローム収容所は沸き立った。アメリカのために戦う同胞日系兵が会いにきてくれる。収容所チームと一〇〇大隊の対戦は、日系人隔離収容所への日系人隔離部隊の訪問と理解した方がよいだろう。しかし実際のところ、このシリーズはハワイとカリフォルニアの二世チーム同士の対決という二つの代表的日系人社会のプライドをかけた〝夢の球宴〟だった。本土日系球人の間ではハワイ出身者は野球がうまいと評判だった。戦前、西海岸の町から町へ渡り鳥のように流れながら、腕一本で勝負するハワイ生まれの助っ人プレーヤーがいたのを目にしたこともあった。

ジェローム収容所新聞『デンソン・トリビューン』（一九四三年七月二日）は、「独立記念祭の週末、野球ファンにはたっぷりの花火が待っている。シェルビー基地から全員ハワイ日系人の第一〇〇歩兵大隊野球チームが来訪し、ブロック21ダイヤモンドで収容所オールスターチームと戦うのだ」と興奮気味にビッグニュースを報じた。だが、不確かな情報しか届いてなかったため、この記事には誤りが多い。

「米谷監督は主戦投手ゴロウ森口、ジョー高田、レフティ鈴木、レフティ・マツオ樋口という〝夢〟の投手陣を誇る」（『トリビューン』）。

正しくは、高田は投手ではなく外野手。日米開戦の半年前に日本プロ野球からハワイ出身日系四選手（ジミー堀尾、テッド亀田、トシ亀田、カウボーイ長谷川）がシーズン途中で急遽ハワイへ帰国したことがあった。そのうちの一人、外野手堀尾が朝日に入団するまで、高田はその長打力を秘めたバッティングと快足ぶりで朝日のレギュラー中堅手の座を確保していた。さらに鈴木は左腕ではなく右腕投手。その他にも、ホノルル球界で名の知れた樋口三兄弟の三男マッオは一〇〇大隊ではなく、もうひとつの二世部隊、第四四二連隊戦闘部隊（The 442nd Regimental Combat Team）の所属である。

「高田、森口、樋口、ヒデ山下はセミプロのハワイリーグ朝日の元選手で、一九四一年に優勝を飾った」（『トリビューン』）。

一九四一年ハワイリーグの優勝チームは中国系チャイニーズで、朝日はリーグ二位に終わった。朝日が優勝したのは野球シーズンの最後を飾ったハワイ準州ナンバーワンを決める「テリトリアル・チャンピオンシップ大会」で、ここで全ハワイの頂点を極めた。

一九四三年七月三日、土曜日。一〇〇大隊チームは訓練中のシェルビー基地から陸軍トラックに乗ってジェローム収容所にやってきた。三〇人ほどの選手がトラックから身のこなしも軽くハラリと飛び降りた。「ＡＬＯＨＡ」文字入りのユニフォームの一団がブロック21ダイヤモンドまで談笑しながら歩いて行く。道沿いのバラックからは何事かと住民たちが飛び出してきた。一〇〇大隊チームのジェローム訪問には監督ラベルは同行せず、陸軍中尉米谷助監督が指揮を取った。

ハーブ栗間は一〇〇大隊の一団を見た瞬間、背筋にゾクゾクッとするものが走ったと言う。「一〇〇大隊はリアル・プロフェッショナルみたいだった。ぼくはみんなに言ったですよ。『みんな見たか。一〇〇インファントリー（歩兵隊）が［トラックから］出［てき］たときを見たか』。ディシプリン（規律）がある。メジャーリーグが出てくるときのよう。他の人が見ても見えないかもしれないが、モラール（士気）が見えるんです。こういうチームをもちたい、作りたいと思わせるような。［ただ］並んで出てくるというのではない。スポーツはマネージャー（監督）の言うことを聞いて、ディシプリンがなくちゃいけない。二十何人かの選手を統率して、米谷が落ち着いとったですよ」

栗間は一〇〇大隊を見た瞬間、そこに完成された野球チームを感じ取った。「ぼくはディシプリンが好きなんです」。栗間の目に映った一〇〇大隊の士気や規律は彼らが一年余の厳しい戦闘訓練で身につけたものだったのだろう。栗間自身、ハイスクール時代から自己流ではあったが、「腕をつくる」ために毎晩シャドーピッチング一五〇回と筋力トレーニングを自分に課していた。「自分は負けず嫌い。一生懸命稽古して、スピードでも稽古したら投げられるですよ」。そういう栗間だったからこそ一〇〇大隊の実力が直感としてすぐに見てとれたのかもしれない。

ハーブ栗間、痛恨のKO劇

一〇〇大隊との3連戦の第一試合、炎熱のブロック21ダイヤモンドに三五〇〇人が集まった。とてもスタンドの見物スペースでは収まりきらず、外野には人間の塀ができあがった。

一〇〇大隊を迎え撃つジェローム収容所は、収容所アスレティック・ディレクターでボウルズ監督のエド簗村が指揮を取るオールスターチームを編成した。六人体制のベースボール・コミッショナーズ（エド簗村、アル佐古、ジョージ山県、ディック国島、フレッド吉川、ハーブ栗間）が精鋭を選抜したのだ。メンバーには進行中の所内Aリーグ戦の4割打者三人、3割打者五人が顔を揃えた。先発は、言うまでもなくエースのハーブ栗間。

しかし、マウンドに上がった栗間のピッチングに、どうしたことか、いつもの精彩が見られない。先攻の一〇〇大隊は、予想通りジョー高田外野手、ヒデ山下捕手らホノルル朝日の選手が打線の中軸を固めた。二回表、山下とマウイ島出身のワタル兼品の安打で栗間を攻めて2点を先制すると、さらに五回に1点、六回にも3点と着実に加点し、6－1と大きくリードを奪い、栗間は無惨にもマウンドから引きずり下ろされた。

一〇〇大隊打線はスキがなかったと栗間。「一〇〇インファントリーはバットが効くんだ。ぼくもエブリデイいいことない。サムタイム悪い。あの日、いいように投げられんかった。どういうもんか、ぼくはやられたですよ」

絶対的なエースと自他ともに認める栗間が、なぜ一〇〇大隊に軽々と打ち崩されたのだろうか。

一〇〇大隊のマウンドに立ったのはホノルル朝日の主戦投手ゴロウ森口だった。カーブ投手森口について、試合前日のジェローム収容所新聞『デンソン・トリビューン』が一〇〇大隊を豪華陣容と紹介している中に、つぎの記述があった。「森口は日本のプロ野球タイガースで二年間プレーした実績がある」。森口は日本のプロ野球選手だったと紹介されていた。

アメリカでは野球の最高峰はプロ野球だということを二世はよく知っていた。しかし、いくら憧れてもプロ野球となると、大リーグどころか、マイナーリーグでさえ二世たちにとっては無縁の世界でしかなかった。

「まあね、昔は金持ちはいないんです。百姓か商売しとってもかつかつやったから、子どもを自由に遊ばしてということはなかったと思いますよ。だから二世でベースボールがどんなにうまくてもプロフェッショナルになるような考えはなかった。ただ、一週間に一度サンデー

（日曜日）に自分のタウンチームで遊んだようなもんです」（栗間）

「真珠湾」に至るまでにアメリカ野球の頂点である大リーグに登場した日系人選手は一人もいない。マイナーリーガーはたったの三人。いずれもアメリカ本土ではなくハワイ出身者だった。そうかといって西海岸の日系人が野球に熱心に取り組んでいなかったと考えるのは、先にも述べたが間違いである。むしろ一九二〇年代、三〇年代には二世が育ち、西海岸各地では日系人野球の花が咲いた。日系人がメジャーとマイナーからなるオーガナイズド・ベースボールに進出しなかった理由として、つぎの点が挙げられる。まず、日系移民社会では家族労働が基本であり、若い男子は両親の仕事を手伝う貴重な働き手だったこと。さらに、社会に浸透していたアジア系に対する差別の現実は、一世を永久に劣等的地位にとめ置いたばかりか、若者世代として登場してきたアメリカ市民である二世さえも、そのコミュニティの中だけで生きることを余儀なくされたことである。一種の閉塞状況にあったとも言える。アメリカ西海岸の日本人リーグ隆盛の背景にはこのような社会的事情が働いていたのである。栗間のフローリン体育会が日系人以外のチームと試合することなどめったになかった。ましてやプロになるなど夢のまた夢の話だった。

プロ野球なんかに負けてたまるか

しかし、実は、栗間の身近にプロ選手になった二世がいたのだ。一九三七年三月、カリフォルニア北部アラメダの花屋で成功した一世、ハリー児野彦太郎は近隣の有力二世選手を主体とした「アラメダ児野オールスターズ」を編成し、明治大学に招待され日本に渡った。監督はフレズノ体育会のケン銭村とスタクトン大和のケンソウ主田賢三の二人。主田は一九三二年に日系人ではじめてパシフィック・コーストリーグ（AAクラス）でプレーしたことで知られる。

遠征チーム四番の右翼手は栗間のハイスクールの一学年下で野球センス抜群の二世フランク山田伝（一九一四～八七）。小学校に上がる前から野球にとりつかれ、地元エルクグローブ・ハイスクールでも一年からレギュラー外野手に抜擢されるほどの逸材だった。卒業後はセロリ会社でトラクターを運転しながら、ケンソウ主田と同じ日系タウンチーム、スタクトン大和でプレーしていた。山田は児野に誘われて日本に渡った一人。この遠征チームにアラメダから参加したもう一人、カリフォルニア大学を卒業したばかりの二番遊撃手キヨ野上清光（一九一四～九二）は、山田とともにプロ球団「阪急」のスカウト村上実の目に留まり、選手契約を結んだ。山田はどんなフライでもヘソの前に構えたグラブで捕球するポケットキャッチの妙技でひときわ大きな人気を呼び、「ヘソ伝」の愛称で一躍スター選手となった。子どもの頃から父親に「ベースボールじゃメシは食えんぞ！」とさんざん説教されて育ったが、ついにヘソ伝は野球で身を立てたのである。

俊足巧打の山田は、戦前の日本プロ野球で現在のオールスターゲームに匹敵する「東西対抗戦」に一九三八年から四四年まで連続選出された。とくに一九三九年シーズンからバッティングでも活躍が目立ち、リーグ屈指の外野手に成長していた。四〇年には運動記者協会の選ぶベストナインで中堅手として最高得票を集めた。栗間がジェロームで投げていたこの年（四三年）、日本プロ野球は低打率の時代に入っていたが、山田はリーグ二位（．２７２）を記録、三九年についで二度目の盗塁王（56個、戦前のシーズン記録）も獲得した。機動力野球を看板とした阪急の牽引車となって活躍していたのである。

山田が日本でプロになったという話は、もちろん栗間にも届いていた。ハンフォードのシグ徳本投手も山田とともに遠征チームに加わった一人であった。しかし、山田の日本での活躍ぶりについては、当時の栗間は知るよしもなかった。

あるとき、昔のアルバムを一緒に見ていたときに、栗間はボソッと一言つぶやいた。「あいつら、戻って来んかった」

当然、栗間もその右腕を見込まれて「児野オールスターズ」から声をかけられた。だが、フ

アラメダ児野オールスターズ　1937年北加・中加の有力二世選手を中心に結成された日本遠征チーム　秩父丸船上で　中列左から主田監督，一人おいて山田，銭村監督，ハリー児野彦太郎団長，右端が野上　Beans H. Yamamoto 氏提供

ローリンのイチゴは三月にハシリが出て、五月に最盛期を迎える。この時期、イチゴを棄てるわけにはいかず涙を飲んで日本行きを断念した。

栗間の胸の奥底には、あのとき「児野オールスターズ」と一緒に日本に行けていたらという悔しさにも似た思いがあるのが感じられた。日本へ一度行ってみたいという気持ちは人一倍強かった。そっと明かしてくれた話によると、生涯独身の栗間だが、一九三二年、二世の恋人シゲコが父親の用事で広島に行ったまま、それっきり戻って来なかったという。そんなことも日本に行ってみたいという思いを強くしていた。

カリフォルニア二世球界のトッププレーヤーと自他ともに認める栗間には、元プロ野球投手森口に負けられない意地があった。プロ野球にどれほど憧れがあっても、自分たちからはるかに遠いプロの世界、その世界を経験した二世と今、投げ合っているのだ。

――プロが何だ！　プロに負けるか！　クソッ、イチゴさえなかったら！

この日「プロ投手森口」の存在は栗間の胸につかえていたものを一気に噴き出させたのではなかったか。プロへの屈折した対抗意識が彼の投球メカニズムを微妙に狂わせたのではなかっただろうか。

ゴロウ森口を打て！

前代未聞とも言える栗間のＫＯ劇は三五〇〇人の見物人を驚かせた。ジェロームは急遽若いノブ佐々木を救援に送った。

ジェロームの打者は森口のカーブを打ちあぐね、試合は一〇〇大隊のペースで進んでいたが、勝負をあきらめたわけではなかった。九回裏、1－6と5点ビハインドで迎えたジェローム最後の攻撃。信じられないことが起こった。突然、一〇〇大隊内野陣の守備が乱れ2失策、おまけに四球も加わって、ジェロームに土壇場で満塁のチャンスが訪れた。

ここでジェロームはノブ佐々木の代打にジム谷川を送った。谷川は収容所内のデンソン・ハイスクールの三年生。四四年春卒業予定の谷川はもともと投手で、これまでピンチになると全身が震え立ちすくむ場面があった。ピンチに強いとは言えない谷川だが、ジェロームはそのバッティングを買って一か八かの起用だった。だが、観衆の期待通りとはいかず谷川の当たりはショートへの凡ゴロ。最悪の併殺打で万事休すかと思われたときだった。大隊遊撃手はボールが手につかない。またもやエラーが出た。2者生還し3点差に迫った。ここでヨシ塚本の2点タイムリーが出て、森口を1点差に追いつめた。さらにエラーが重なり2死満塁のチャンス。迎える打者は中堅手ヤス長野。前3打席とも森口に凡フライに打ち取られている。その長

アロハ・チームの中核，元ホノルル朝日選手　左から森口，山下，高田　100th Infantry Battalion Veterans Education Center 提供

野が今度は力一杯バットを振り抜いた。打球はレフト線へ飛んだ。これが走者一掃の二塁打となって、ジェロームは大逆転サヨナラ劇で森口を倒し、痛快な勝利（7－6）を味わった。

一〇〇大隊　020　001　300―6
ジェローム　1点が入った回が不明　6×―7
　投手（ジ）ハーブ栗間、〈勝〉ノブ佐々木（大隊）〈敗〉ゴロウ森口

栗間の口からは何度もこのような言葉が出た。

「聞いたところ森口はジャパンでプロフェショナルだったそうな。それが投げたんですよ。ライトハンドでね。だけどヘナヘナ球だから［ジェローム・オールスターズは］何でもないほど打ちまくるのよ。あの頃のジャパンのティームは、まあそんな［強い］んじゃなかったから」

実は栗間が根拠とした『トリビューン』の森口の記事は間違いだった。ゴロウ森口は日本の元プロ選手ではなかったのだ。たしかにハワイ出身の森口という名前の日系二世選手が草創期の日本プロ野球に登場している。その選手はゴロウ森口ではなく、その兄の森口次郎である。やはりホノルル朝日から日本プロ野球リーグ創立二年目（三七年秋）にセネタースに入り、三

九年シーズンまで俊足で鳴らした外野手だった。

次郎とゴロウ（護郎）はホノルル球界で知られた森口七兄弟の二番目と五番目。七番目のシチロウがホノルルでつぎのようなエピソードを語ってくれた。「父はホノルル球場に通い詰めて朝日を応援していた野球狂。その夢はいつか息子だけで野球チームを作ることだった。七人目までうまく男が続いたが、八番目に女が生まれ、その夢をあきらめた」

しかし、栗間はこの事実を知るはずもない。サクラメントの栗間を訪ねると、決まってこの一戦を痛快そうに物語るのだった。そして、その都度決まって森口は日本のプロ野球投手だったが、ジェロームはそれを難なく打ち崩したと自慢げに繰り返した。その度に日本のプロ野球でプレーしたのはゴロウではなく兄の次郎だと指摘するとその場は納得するが、つぎに会ったときにはまたゴロウ森口は日本のプロとして話に盛り込まれ、最期まで栗間の思い込みが訂正されることはなかった。夢のまた夢だった「プロ野球」を負かしたことが、栗間たちの実力の証明であり、野球人生の勲章だったのだから。

ダンシング、ドリンキング、ロマンシング

第一戦を終えた夜、ハワイから収容された者が中心となり、盛大な一〇〇大隊歓迎ダンスパーティーを催した。会場といっても一〇〇大隊がやってくる二週間ほど前の六月二一日にジェローム収容所の「ホール20」にオープンしたＵＳＯ（米国慰問協会）のホスピタリティ・センターだった。何もない板壁のバラックの一室にカーテンを取り付けただけの、急ごしらえのダンスホールだった。

ジェローム収容所には米谷の歯科医院のある「ホノルルのモイリリ地区出身の一世が多く、互いに抱き合って再会を喜んだ」（一〇〇大隊捕手、ワタル兼品）という。ハワイから収容された一世たちは、同郷の懐かしい顔に向かって「ドクター米谷、ドクター米谷」と盛んに呼びかけた。禁じられていたはずのウイスキーがどこからともなく運び込まれ、パーティーは「ダンシング、ドリンキング、ロマンシング」（一〇〇大隊内野手、アキラ秋元）で、夜遅くまで盛り上がった。兵士たちは若い女とバンド音楽に合わせてジルバを踊った。ダンスの輪は広がり、会場の外にまであふれだした。酔っぱらった大隊選手が溝にかかった小さな橋からバランスを崩し転落した。翌朝、そこにはアーカンソー特有の粘土質のぬかるみに大の字に寝た人間の形がくっきり残っていたという。

慰問の一〇〇大隊兵士にとっても、収容されている日系人にとっても、複雑な思いのパーティーだった。収容所はそれ自体が日米戦争と人種差別の国際緊張の象徴でもあった。だが収容所内は、外界からすっぱりと切り離され、戦況とはまったく無縁の不思議な空間を作り上げていた。収容された日系人は自由を奪われていたが、生命に危険はおよばない、むしろ隔離された場所で守られていることへの後ろめたさがあった。

収容された者たちは日系二世部隊の若者たちが、自分たち同胞のためにアメリカ合衆国への忠誠を命をかけて証明しようとしていることを十分に理解していた。二世兵は日系人への信頼を勝ち取るために、自分たちの分まで銃を取るということを。

一九八九年、ホノルルでは元兵士たちが「一〇〇大隊クラブ」に毎日集まってきてカードゲームを楽しんでいた。投手セイジ谷川は、戦前、ホノルルのマキキ・ジュニアチームでプレーしていた。ジェローム慰問を思い出して「ジェローム収容所にはガラガラヘビがいた。「収容されている人たちに」ソーリー、自分にはどうすることもできない」と忸怩たる思いの慰問だったことを語った。日系兵士は、鉄条網に閉じ込められ自由を奪われた同胞にどう対応してよいのか戸惑うばかりだった。

翌日の独立記念日はダブルヘッダー。グラウンド整備も一苦労だったと栗間は苦笑した。

「あの頃は兵隊さんも若いし、ガールズと大分楽しんだみたいだね。悪いことしとるもんじゃけん、つぎの朝グラウンド掃除するのがおおごとやった」

第一試合は二軍チーム同士が対戦した。収容所オールスターズの繰り出した3投手、ジム谷川、ティー税所、バスター川村に一〇〇大隊が18安打を浴びせ14－3で快勝。前日と合わせ対戦成績を1勝1敗とした。

決着は午後の第三戦に持ち込まれた。収容所オールスターズは初回から「独立記念日の祝砲を派手に撃ち上げ」（『トリビューン』）、一挙5点。ヨシとビルの塚本兄弟を中心とするジェローム打線は五回にも14打者を送り、8安打9得点を追加するなど手のつけられない攻撃を重ねた。一〇〇大隊も応戦して乱打戦となったが、収容所チームはコー伊藤からタク安保への投手リレーで逃げ切り（19－10）、2勝1敗でシリーズを制した。

『デンソン・トリビューン』（四三年七月六日）は日本語紙面で各試合、観客四〇〇〇人を数えたと書いた。

第一〇〇大隊チームとの3連戦は入場料を徴収し、収入は五三九ドル六一セントに上った。支出は三四八ドル八二セント。一九〇ドル七九セントの利益は野球その他のスポーツ用具調達に充てられることになった。

第一戦　七月三日午後　収容所オールスターズ　7－6　一〇〇大隊チーム

投手　（ジ）ハーブ栗間、（勝）ノブ佐々木　（大隊）（敗）ゴロウ森口

第二戦　七月四日午前　一〇〇大隊（二軍）14－3　収容所（二軍）

投手　（ジ）ジム谷川、ティー税所、バスター川村　（大隊）モイチ岡崎、ポール・フロニング＊

＊フロニングはシェルビー基地で一〇〇大隊に加わった白人士官一一人の一人。

第三戦　同日午後　収容所オールスターズ　19－10　一〇〇大隊チーム

投手　（ジ）コー伊藤（7イニング）、タク安保　（大隊）不明

3連戦を報じた『デンソン・トリビューン』にはボックススコアもラインスコアもなく、正確な出場選手名も数字記録も知ることができない。それでもマッコイ基地での記念写真に収まった二七人のうち少なくとも一九人がジェローム収容所にやって来たことが確認できる。

「一〇〇インファントリーはつおい、本当につおい」。ハーブ栗間は実感を込めて半世紀前の一〇〇大隊との対戦を振り返った。

常夏のハワイからジェロームに収容されていた人たちには満足な冬支度ができていなかった。アーカンソー州南東部の夏は華氏一一〇度（43℃）にも達するが、冬は華氏五度（マイナ

ス15℃）まで気温が下がるほど厳しい。住居バラックには薪ストーブがあるが、ベニヤ壁にタールペーパーを貼っただけ。それを知っていた二世兵士たちは持参してきた自分たちのブーツとコートを彼らにそっと残して去った。ハワイ・カワイ島から収容されていた当時一一歳のテッド小沢はそのことを忘れない。

コラム　3　皇紀二六〇〇年奉祝東亜競技大会のホノルル朝日

日本とハワイとの野球交流の歴史は一九〇七年のセントルイス・チーム来日までさかのぼる。それ以後、日米開戦に至る期間に幾多のチームが双方から太平洋を横断した。ハワイから来日した中では日系チームの数が他を圧倒している。米谷克己を団長とするホノルル朝日は、真珠湾攻撃の一年半前、一九四〇年六月、日本で開催された皇紀二六〇〇年奉祝東亜競技大会にハワイ代表として招待された。役員等五人と選手一五人の中には、のちに一〇〇大隊選手としてジェローム収容所を訪れたゴロウ森口投手とジョー高田外野手の二選手、四四二連隊のレフティ・マツオ樋口投手が含まれていた。

日本は一九四〇年東京オリンピックを返上し、その代わりとして一五種目で争う国威発揚のスポーツ大イベントを打ち上げた。大会趣旨に、「民族協和、興亜建設を表徴する東亜若人のオリムピアード」が謳われた。六月六日に始まった呼び物の野球競技（神宮球場）では、日本（東京六大学選抜）、満州国（奉天満州倶楽部）、フィリピン（カランバ製糖会社を主体とする）とハワイの朝日の四チームが総当たり方式で対戦した。詰めかけた観衆四万人。入場式は「君が代の吹奏裡に場内一斉規律、宮城、明治神宮遥拝、又、国の鎮めの奏楽に英霊並に出征将士への黙禱をさゝげ、やがて、センターポール高く、輝く東亜大会旗は掲揚され」た（『野球界』一九四〇年七月）。メインスタンドにはハワイ代表朝日の参加で星条旗も翻った。

朝日は東京大会で3戦全敗。続く関西大会（甲子園球場）は一試合が雨天中止となり、満州国に9－5で勝ったものの日本に2－7で負け、1勝1敗と振るわなかった。

すでに大陸での長引く戦争を抱えてガソリン不足の日本には、ハワイでは考えられない木炭バスが走っていた。高田外野手は「戦争中とも見へない余裕タツプリな東京の姿を目の当りにして日本人の誇りを一層強くしました」と語った（『布哇報知』六月四日）。しかし朝日選手の行動はすべて特高警察に見張られていた。あるとき宿舎を留守にしている間に部屋が捜索されていた。行く先々で警察に尾行され、旅程はすべて監視されていた。

ハワイ代表朝日は日系二世選手、満州代表満州倶楽部は全員日本人選手による編成だった。東亜競技大会（野球）は四か国による国際大会を標榜していたが、その実、集まったのはフィリピンを除くと「日本人」ばかりの野球大会だったのである。

その後、朝日は満州へ渡り、大連国際競技会に参加し、3戦全勝優勝でようやく面目を保つことができた。この結果、遠征通算勝率五割（4勝4敗）に帳尻を合わせ、七月七日ホノルルに帰還した。

コラム　4　「阪急」村上代表の見たフランク山田

ハーブ栗間のハイスクール時代のチームメイト、フランク山田伝（一九一四〜八七）は一九三七年、北中加の有力二世選手を集めた「アラメダ児野オールスターズ」の日本遠征に参加し、プロ野球リーグ発足間もない「阪急」にキヨ野上清光とともに入団した。二世チームの選手をスカウトしたのが、村上実（一九〇六〜九九）だった。村上はオーナーの小林一三からチーム編成を命じられ、球団立ち上げから走り回っていたのである。リーグ戦が始まってからはフロントばかりではなく戦前に監督を二度、戦後は球団代表を務めた。その村上が一九八九年三月のインタビューの中で山田を語った。

阪急の村上実（右）と日系二世外野手ジミー堀尾　1936年頃　James I. Horio 氏提供

プロ野球草創期、どの球団も優秀な選手がノドから手が出るほど欲しかった。村上は来日チームに足しげく通ってプレーを観察した。「〔児野チームの〕試合があるとき見に行ってね。山田君とショートの野上君、この二人が目につきまして、これはプロでできるな、と」。それで旧知の二世チーム監督の一人、ケンソウ主田を通して二人を説得し、最後に団長のハリー児野彦太郎の承諾を得るまでにこぎ着けた。「ウチが取ることに大体話が進んでたら、名古屋のチーム代表だった赤嶺昌志（辣腕スカウトとして知られる）、この方がやっぱ山田に目をつけて、野上にも目をつけて、契約も阪急の倍出すから言うて、だいぶ取り合いになりました。主田が〔二人に〕阪急入れ言うて勧めてくれて、そいで二人がウチに入りました。契約金なかったですな」。それは盧溝橋で日中全面戦争の火蓋が切られた直後のことだった。

村上の山田を見る目は確かだった。「やっぱり足は速いし守備はうまいしね。バッティングはロングヒットは打たなかったけど、一番打者としての要素は全部備えていましたね。それから非常にいいことには性格が明るい。日本の選手と非常によく交わりました」。雨の日には選手を集めて山田が野球英語教室を開いたこともあった。「チームの中ではあれと天保（義夫、投手）が人気者でした。それぐらい日本人の中に溶け込んで。山田については、とくに言うておきたいことは、阪急ではもっとも活躍してくれた一人でした」

日米間の雲行きがあやしくなり二世選手がアメリカに帰り始めた頃、村上は山田に帰国を勧めたことがある。山田は答えたという。「日本がアメリカと戦うんなら、わたしは日本人だから日本に残って日本人としてアメリカと戦う」。山田はもともとアメリカ国籍だけだったが、それを放棄し日本国籍を取得し陸軍に志願した。村上は「本当に日本人的な心をもっていました。わたしは誰もご存知ないと思うけど、あの子には頭が下がりましたね」と最後に話した。

しかし、現実にはアメリカ生まれの二世にとって日本の軍隊は想像を絶するほど厳しい世界だった。軍人勅諭が暗誦できないうえ、「変な日本語をしゃべる」と散散いじめられたと山田は戦後、ロサンゼルスの弟、ジョージ山田に打ち明けている。

山田と同時に阪急に入団したキヨ野上について言えば、三八年シーズンを最後にプロ野球から離れ、東大の聴講生を経て東京・丸の内の浅野物産に就職。ニューヨーク勤務を命じられるはずだったが、日米戦争が勃発し一九四二年九月三〇日、二重国籍だった野上に思いもよらない呼び出しがかかった。「徴用兵に引っ張られ、朝鮮、中支、南支で軍人以下の待遇だった」と一九八九年九月のインタビューで語ってくれた。

収容所対抗シリーズ　ジェローム対ローワー

一〇〇大隊との3連戦が終わると、ブロック21ダイヤモンドではジェローム収容所内リーグのスケジュールが再開された。

七月九日、フローリン（4勝1敗）と、築村監督の率いるボウルズ（3勝2敗）がぶつかった首位攻防戦と見られた薄暮試合で、栗間はボウルズ打線を4安打1点に抑え、攻撃ではにわかにバッティングに開眼したかのように当たりだした遊撃手ヒロ田原が満塁ホームランを含む2安打し、フローリンは12－1（7イニング試合）で大勝した。この勝利でボウルズの優勝の芽を摘み、フローリンはAリーグ制覇への足場を固めた。その原動力は何といってもハーブ栗間の獅子奮迅の活躍にあった。毎号『トリビューン』の英語スポーツ面には、「栗間4安打ピッチング」「栗間勝利を呼ぶ」と「栗間」の見出しが躍った。

その栗間、実はケガの痛みをこらえながらマウンドに上っていた。真珠湾の年、開戦前の一九四一年四月一八日夜のこと、飲み屋でウイスキーのボトル一本を空けた。イチゴ組合の上司とうまくいかないことがあってのヤケ酒だった。運の悪いことには、組合のトラックで帰宅中、電柱に衝突しトラックごと溝に転落する自損事故を起こしたのである。あわや肝臓に達しようかというほどの重傷を負った。一三日間生死の境を彷徨い、一時は医師が匙を投げたほどのひどいケガで、サクラメントのサター病院で手術を受け一命を取り留めたということだ。徴兵され、二週間後に入隊というときの事故だった。医師がサクラメントの徴兵委員会に事情を連絡してくれたが、それでは済まなかった。二八日後に退院した翌日、栗間は徴兵委員会に出頭させられ、ようやく徴兵猶予の措置が受けられた。

「一九四二年四月まで仕事をしなかった。そのあと立ち退きになるまで仕事は指図するだけで、あまり［荷物を］抱えたりしなかったから一九四二年は一か月ちょっとしか働かなかったですよ、すぐ収容所に入ったから」

しかし、フレズノ仮収容所に入ってからは痛みに耐えてのピッチングを続けていた。野球をやっているのを当初、父の小一には黙っていたが、母親から聞いた父は「やめちまえっ！」と激昂した。栗間はこの時はじめて父親の言葉に逆らった。痛みをこらえながらも、体も心も自分では止められない何かに衝き動かされてただひたすら投げ続けた。本人は「［フローリンの］

ジェローム収容所でのハーブ栗間投手　1943年　Herb Kurima 氏提供

若手投手が思うように伸びなかったため、自分でマウンドに上らざるを得なかった」と話すが、このとき栗間三〇歳、野球選手として脂ののりきった絶頂期にあった。

七月一六日時点のAリーグ順位表

1	フローリン	5勝1敗1分
2	ロングビーチ	2勝2敗
3	ボウルズ	3勝3敗1分
4	ハンフォード	2勝4敗

アーカンソー州東南部にはジェロームとは別にローワーというもう一つの日系人収容所が設置されたことは、すでに述べた。一九四三年真夏、ジェロームから二五キロ北にあるローワー収容所との間に三試合の収容所対抗シリーズが開催された。

今、ジェローム跡地からローワーまでを車で走るとちょうど三〇マイルの距離。大豆と綿花の畑に囲まれた一角に、収容中に亡くなった日系人の墓や収容所から出征し戦死した日系兵の慰霊碑などのほか、いくつもの歴史案内パネルと監視塔のレプリカが設置されている。ほとん

アーカンソー州ローワー収容所跡地　2015年８月27日著者撮影

ど痕跡のないジェロームに比べ、ローワー跡地に立つと、大戦中多くの日系人がこの地で収容所生活を送っていたことが想像できる。

ローワー収容所には、もともとはカリフォルニア州のロサンゼルス郡とサンホアキン郡の住民が、スタクトン仮収容所とサンタアニタ仮収容所を経て運ばれて来た。最大時八四七五人を収容した。

ジェロームは第一戦に向けて、所内のAリーグで首位を突っ走るフローリン・チームに補強三選手を加えた代表チームを編成した。一九四三年七月二五日、ローワーに向かう収容所のバスには管理局の白人が同行した。

このシリーズは両収容所日系人の対抗意識を熱く燃え上がらせた。栗間がバスを降りると懐かしい顔が出迎えた。ブドウの名産地ローダイから収容されていた従兄の妻の父親ではないか。だが、その男は挨拶するでもなく、いきなり「何しに来たんか！」と栗間に向かって怒鳴りつけてきた。栗間が野球の試合に来たのだと答えると男はこう言い放った。

「ローワーに勝てるとでも思っとるんか！」

ジュニアハイ（中学）・グラウンドにはローワー収容所最大の観衆が押し掛けていた。栗間は敵地の真っ只中にいて、ジェローム八〇〇〇人の期待を背に投げた。対するローワーの右腕ウィリー香川も同じ立場だった。香川は、まだ若いが一九三九年と四〇年北加野球連盟を連覇したローダイ・テンプラーズ（四一年は3位）の主戦投手という実績をもつ。

身長五フィート四インチ（一六三センチ）の栗間はピッチャーとして「せめて五フィート七インチ（一七〇センチ）はほしかった」と言うが、対する香川はそれよりずっと長身の一八〇センチから投げ下ろすストレートが武器だ。香川の出身地カリフォルニア州ローダイは、フローリンから車ならわずか三〇分の距離でしかない。フローリンとローダイはたびたび試合をしたが、不思議なことに二人は開戦前には一度も投げ合ったことがなかった。

栗間がマウンドに立つと見物人から汚いヤジがひっきりなしに飛ばされ、やかましいことこの上ない。もちろん全員がローワーの応援、完全アウェイ状態である。栗間は戦争前にはあり得なかった大観衆の騒音の真っ只中に身を置いていた。

栗間はその時の思いをこう話した。マウンドから見渡せば、球場をぐるり取り巻いた大観衆は自分の投げる一球ごとに反応する野球ファンではないか。自分を落ち着かせるために「ドンケア」（気にしない）とだけつぶやいた。ストライクゾーンに神経を集中すると不思議に雑音は後方に消えていくように感じた。

両投手の緊迫した投手戦で始まり、三回までスコアボードに0が並んだ。

先手を取ったのはジェロームだった。四回表2死から一塁に走者、中堅手ヤス長野を置いて、六番一塁手ハイ池田（中加野球連盟のクロビス・コモドアーズ所属）が、香川の投げた高めのボール球をセンターオーバーの三塁打にして先制点をたたき出した。六回表にも、フローリンの三番左翼手ヨシ塚本がレフト線を破る三塁打。ヨシは後年この一打を忘れていなかった。「ホームランだと思ったら、運悪く打球がちょうど置いてあった椅子に当たり、はね返ったもので三塁打になって損をしてしまった」（『サクラメント・ビー』一九八九年五月一八日）。そのヨシは黒々とした頭髪でモテモテだったことから、ついたあだ名は伊達男「クラーク・ゲーブル」。続く五番長野（ローワー収容所新聞『ローワー・アウトポスト』によれば打者はハイ池田）がこの試合2本目のヒットをレフト前に運び2点目。

その裏、ローワーは二番中堅手サム・イチバ（ローダイ・テンプラーズ所属）が三塁打。続く三番遊撃手フランク・カミバヤシ（北加野球連盟のスタクトン大和所属）がスクイズを成功させて、この試合唯一の得点を上げた。ジェローム側のダグアウトの屋根にはつぎつぎに子どもが乗ってはしゃいでいた。ようやくローワーに1点が入った瞬間、子どもたちが大喜びで飛び跳ねたら、屋根が抜け落ち下にいたジェローム選手がヒヤリとする場面があった。

しかし、そのあともジェローム打線は8安打と7失策をからめて果敢に香川を攻め立てた。

ジェローム5－1で先勝。栗間、香川両投手ともに完投。「ハーブ・ムーン・栗間は当地の打者に対し最高の出来」（『ローワー・アウトポスト』）を見せ、対戦した打者わずか三二人。ローワー・オールスターズを5安打、5三振、1四球、1点にねじ伏せた。香川も打者四一人、8安打、6三振、無四球と個人のピッチング成績では栗間に負けていない。ジェロームは栗間だけでなく、この日の当たり屋ハイ池田が5打数で三塁打と2単打3打点と、香川の「天敵」ぶりを発揮したのも大きな勝因となった。『ローワー・アウトポスト』は「打撃でも守備でも、ローワーは格の違いで敗れた」とジェロームに白旗を揚げた。エラーがジェロームは0。ローワーは九回の3連続など合計7を数え、香川の足を引っ張ったのは明らかである。

第一戦　七月二五日　於ローワー収容所

					点	安	失
ジェローム	000	101	012	—	5	8	0
ローワー	000	001	000	—	1	5	7

投手　（ジ）〈勝〉ハーブ栗間　（ロ）〈敗〉ウィリー香川

一週間後の第二戦、舞台はジェロームに移った。栗間は「仕事探しにシカゴに行っていた」ため、ジェローム収容所を離れていた。「しかしシカゴの人が朝の満員の通勤電車にがまんして乗っているのを見て嫌になった」。収容所に戻ってきたところで、収容所新聞『デンソン・トリビューン』に「香川、ジェロームを散発7安打に抑え雪辱」の見出しを見つけ、そこではじめてジェロームの敗戦を知ったのだ（『ローワー・アウトポスト』には6安打とある）。

ジェロームはノブ佐々木とタク安保の若い二投手がローワーに11安打を浴び、1－6で惨敗していた。第二戦にチームを送り出したローワー収容所新聞の予告記事「香川はふたたびマウンドに立つ。香川に「敗北」という言葉はない。右腕を失っても勝つ」のとおりになった。香川は第一戦に打たれた池田と長野をノーヒットに抑えるなど、ジェローム打線を散発7安打に封じ込んだ。フライアウト14、ゴロアウト9と、ジェローム打線は香川のペースにすっかりはまってしまったのだ。この試合も一人で投げ切った香川の「ローワー・オールスターズはリベンジを果たした」。『アウトポスト』は「ウィリアム香川はローカル球界の真のチャンピオン」「今週の最優秀スポーツ選手」と最大級の讃辞を贈った。観衆三〇〇〇人超。

第二戦　八月一日　於ジェローム収容所

				点	安	失
ローワー	103	000	200	6	11	4
ジェローム	000	001	000	1	6	1

投手（ロ）〈勝〉ウィリー香川　（ジ）〈敗〉ノブ佐々木、タク安保

第三戦が二週間後の八月八日、日曜日になったのにはわけがある。ローワー・オールスターズには近隣の町マギーのオールスターズを収容所に迎えた一戦があったからだ。白人のタウンチームはセミプロの強さがあるとの前評判を裏切り、ローワーが初回から連続得点して24－0で一蹴した。しかも、あまりの実力差で試合にならず、6イニングで打ち切らざるを得なかった。そればかりか、「白人選手たちはベースボールの悪例だった。ユニフォームは着ていない。裸足の選手もいる。試合中に守備についている選手がタバコを吸っている。試合が茶番になってしまうところだった」（『アウトポスト』）。白人チームによる不真面目な戦いぶりを日系人たちは自分たちをバカにしたものと受け取った。香川は先発アーチー宮本のあとを受け、六回1イニングだけ登板した。

八月一五日、1勝1敗ずつで迎えた収容所対抗第三戦はまたもやローワーに場所を移した。

負けられない両チームは予想通り栗間、香川の両エースがふたたびマウンド対決に臨んだ。今度のジェローム代表はフローリン八選手にハンフォード三選手、ボウルズとロングビーチから各一選手を加えた文字通りのジェローム収容所が誇る最強のオールスター編成だった。しかし「勝負は栗間の出来次第」との予想（『トリビューン』八月一三日）。

「ローワーはワールドシリーズ優勝（四二年）のセントルイス・カーディナルズばりに果敢に足を使った攪乱戦法に出ようとした」（『デンソン・トリビューン』）。ジェロームはAリーグ首位打者（打率・455）のビルとヨシの塚本兄弟をはじめ打力で勝るが、スピードではローワーに分があると見られていた。しかし、それは栗間には通じなかった。栗間は二世球界に名を轟かせた持ち前のスピードこそなかったが、不調なりにコーナーを丁寧に衝くピッチングに徹し、ローワー打線を手玉にとった。ジェローム収容所新聞『トリビューン』は栗間を、「シーズン最高の出来で唸りを上げたローワー打線を1安打に凍結してしまった」と報じた。ローワーの足にきっかけさえ与えなかったのだ。ジェローム、7－1の勝利。栗間は33打者、1安打、2四球、5三振（『アウトポスト』は6三振）。一方、香川は11安打（『アウトポスト』は10安打）を許し、6三振、1四球で敗戦投手。この日は小柄な好打者ヨシ塚本に4打数3安打と餌食にされた。香川にとっては、またしても味方の6失策で落ち着けない投球が続き、自責点は

3という無念の試合結果だった。

七回表、ジェロームの攻撃。ディック国島（一九四一年は南加サンピドロ・スキッパーズ）のセンター深くを襲ったライナー性の打球を、ローワー外野手サム・イチバが塀際まで背走してジャンプ一番片手捕りするファインプレーが飛び出した。すると地元チームのふがいなさに地団駄を踏んでいた二〇〇〇人の観衆から、それまでのウサを一気に晴らすかのような万雷の拍手が巻き起こった。こうして収容所対抗シリーズは2勝1敗で栗間のジェロームに凱歌が上がった。

第三戦　八月一五日　於ローワー収容所

					点	安	失
ジェローム	011	200	012	—	7	11*	3
ローワー	000	100	000	—	1	1	6

投手　（ジ）〈勝〉ハーブ栗間　（ロ）〈敗〉ウィリー香川

*ローワー収容所新聞『アウトポスト』は「10」とする。

ジェローム収容所新聞『トリビューン』には、一貫して試合のボックススコアもラインスコアもない。しかし、ローワーの『アウトポスト』には両方とも掲載されている。

香川は3戦シリーズを一人で投げ抜いたが、栗間には2戦2敗。栗間も香川も戦後は収容所からそれぞれの故郷フローリンとローダイに帰った。しかし互いにすぐの隣町にもかかわらず長年、栗間は会合などで香川を見かけることがあっても挨拶をかわすことがなかった。「戦争が終わってこっち（カリフォルニア）に帰って［会ったとき］も、ぼくにものも言わないの。スポーツマンじゃない」と栗間は言い続けていた。しかし、一九九一年の何度目かの栗間訪問で、「こないだ香川が『ハロー』とだけはじめて言った」と肩の荷を下ろしたかのように嬉しそうに話した。実に四八年かかった「ハロー」だった。

このシリーズについて栗間から聞いたあと、電話帳で調べ、ローダイに住む香川に電話をかけてみた。突然の質問に電話の向こうでとまどっている様子が伝わってきた。香川はとぎれとぎれに重い口を開いた。「収容所対抗シリーズ？　絶対負けられない試合です。五、六〇〇〇人は見に来たでしょ。栗間はスピードがあるうえに頭がいいんだ」。香川は栗間より一〇歳若い。ベテラン栗間の頭脳的ピッチングにしてやられたと思っているようだった。

アーカンソーの夏は異常に暑い。「フローリンは暑いがカラッとしてる。ジェロームは暑いだけでなく湿気がすごいんだ。マウンドに行って一球も投げないのに、もう汗びっしょり」。栗間は塩分補給のため、ひとつかみの漬け物を口に含んでマウンドに上っていた。それを、「あの人はいつもタバコ噛みよる」と噂されたという。

コラム　5　求む！　日系大リーガー候補――ブルックリン・ドジャーズ

戦時収容所で日系人が発行した新聞を見ていると、ときどきビックリする記事にぶつかる。アーカンソー州ローワー収容所の『アウトポスト』（一九四三年七月二四日）は、ブランチ・リッキー・ジュニア（一九一四～六二）から同収容所内にあるハイスクール体育部宛に一通の手紙（四三年七月一三日付）が届いたと報じている。

ブランチ・リッキー・ジュニアが何者かを知らなくても、その父がブランチ・リッキー（一八八一～一九六五）と聞けば、野球ファンなら知らない者はいない。セントルイス・カーディナルズのGMで辣腕を振るい、大リーグ球団の傘下にマイナーチームを組み込む現在のマイナー制度の礎を造った野球改革者である。

そして何よりも、一九四三年にブルックリン・ドジャーズ球団社長に移籍し、四五年には一九世紀末以来黒人（アフリカ系アメリカ人）を排斥していたオーガナイズド・ベースボール（大リーグとマイナーリーグ）にジャッキー・ロビンソンを引き入れた人物である。ロビンソンは翌年ドジャーズ傘下マイナーのモントリオール・ロイヤルズ（ＡＡＡクラス）でプレー、四七年大リーグに堂々のデビューを果たし、二〇世紀初の黒人大リーガーとなった。

ローワー収容所に手紙を送ったのは、その一人息子で、父より先に三九年からブルックリン・ドジャーズでマイナー統括責任者（ファームディレクター）をしていた。手紙の文面は以下のとおり。

「今夏のわがキャンプに野球少年を推薦していただければ嬉しい。もし、その少年がプロでやれると判断したら、もちろんみんなと同じように推薦したい。その少年がアメリカ国籍を有するなら、それだけでブルックリン球団にとっては十分な条件となる。たとえ祖先が日本人であろうと、イギリス人であろうとポーランド人であろうと、われわれは構わない。少年を丁重に敬意をもって迎えたく思う」

手紙は、ドジャーズが入団トライアウトを行うので、候補になるような者がいれば推薦してくれという内容だ。特筆すべきは、白人球界の〝牙城〟に楔を打ち込もうとしていること、日系二世が敵国日本の血を引くとして戦時収容所に入れられていることを区別しないと言っていることである。文面にはそれに続いてキャンプ開催日時と場所が列記されている。
日系人で第二次大戦前にアメリカのマイナーリーグでプレーしたのは、アンディ山城、ケンソウ主田、ジミー堀尾のハワイ出身二世三選手がいるだけ。ちなみに「ジャパニーズ」(日本人と日系人)の大リーガー第一号は一九六四年に南海ホークスからアメリカに派遣されていたマッシー村上雅則投手(サンフランシスコ・ジャイアンツ)である。日系アメリカ人の大リーガーが現れるのは、七五年のライアン黒崎投手(セントルイス・カーディナルズ)まで待たねばならない。

戦争中にドジャーズが日系二世に入団テストへの募集を呼びかけたことは、収容所の日系人にとっては信じられないくらいのビッグニュースだったはずである。ローワーの記事はたちどころに他の収容所の新聞にも取り上げられることになった。

このニュースによる興奮が冷めやらぬうちに、今度はヒラリバー収容所新聞『ニューズ・クーリエ』(一九四三年九月九日)とJACL(日系市民協会)機関紙『パシフィック・シチズン』(九月四日)が、八月三〇日〜九月一日、ユタ州オグデン市のジョン・アフレック球場で三人の日系二世がブルックリン・ドジャーズのトライアウトを受けたと報じたのである。元サンピドロ・スキッパーズの三塁手イチ・ハシモトと投手ロイ・サエグチ。二人はアリゾナ州グラナダ収容所からの自費参加だった。ユタ州トパーズ収容所からは元サンノゼ旭投手ヘンリー・ホンダが来ていた。

興味深いのは、このトライアウトを仕切ったドジャーズのスカウトがジョージ・シスラーだったこと。二〇〇四年にイチローが262本の大リーグシーズン最多安打記録を打ち立てたが、それまでの記録保持者（257本）がこのシスラーである。彼はドジャーズのロビンソン獲得でも活躍したスカウトだったと言われる。

このトライアウトで日系三選手が採用されることはなかったが、人種の壁を超えた野球という考えを、リッキー父子はすでに戦争中から実行していたことになる。ただ、父リッキーのビジネス信条が「最小の出費で最高の選手を集める」ことにあったのを考えると、日系人選手のトライアウトも、この方針から外れたものではなかったはずだ。

フローリンの優勝と白人大学チームとの対戦

所内リーグでは一九四三年八月二日にフローリンがハンフォードを10－4で破り、栗間は6勝目を挙げた。八月六日付け『デンソン・トリビューン』はフローリン（7勝1敗1分）の収容所Aリーグ優勝（第1ラウンド）を伝えた。勝因は栗間の連投とビルとヨシの塚本兄弟をはじめとする粒ぞろいの打線の活躍にあった。首位打者はビル塚本の打率・455。投手ハーブ栗間は4勝1敗。

ジェローム収容所一九四三年Aリーグ最終順位（第1ラウンド）

1　フローリン　7勝1敗1分
2　ボウルズ　5勝3敗1分
3　ロングビーチ　2勝4敗
4　ハンフォード　2勝6敗

ちなみにBリーグは、①フレズノ②ファウラー③エルクグローブ④ハンフォード⑤ハワイ⑥マデラ⑦ロングビーチの順位で幕を閉じた。

所内リーグ、収容所対抗シリーズ、一〇〇大隊とのシリーズ、いずれも日系二世同士の対戦だったが、ジェローム収容所を訪れたのは日系チームだけではなかった。

実は、ジェローム収容所人口の半数にあたる四五〇〇人を集めた「空前絶後の盛況を呈し

1943年ジェローム収容所Ａリーグの優勝チーム，フローリン　フレズノ仮収容所Ａリーグ優勝（1942年）のペナントと　Herb Kurima 氏提供

た」試合があった。一九四三年八月二二日、日曜日、収容所長テイラーの肝いりで催された「ベースボール・デー」にアーカンソー州ポンティセロからアーカンソー農工大学チームがやってきた。ジェロームがはじめて迎える全員白人の野球チームである。実際、二世選手のほとんどが、戦前は白人チームとの試合経験が乏しかった。栗間は、「ぼくたちはジャパニーズのタウンチームとの試合でスケジュールが一杯だった。白人とやることなんかまずなかった。一、二度あったかな」と語った。野球グラウンドは二世が白人と正々堂々と渡り合える唯一の場所のはずだが、その対戦の機会がなかったというのだ。

栗間たちが収容所管理局のオフィスに行くと「おまえら、ベースボール遊べるんか」と言われたので、「最強チームを連れてこい」と受けて立った。そこで栗間たちをギャフンと言わせようと対戦相手に呼んできたのがアーカンソー農工大学だった。大学チームは一九三センチの巨漢スモーキー・カーデンを先発に立てた。カーデンは二年間のセミプロの経験もある。その剛球は白人チームの捕手でさえポロポロと捕りそこなう始末。途中から捕手はセンターと交代した。二世の平均身長は栗間と同じ一六三センチでしかない。どう見てもカーデンの速球には手が出ない。「[大学選手は]デンソンのリトル・キディーズ（キディーズは子どもの意。小柄な日系人を指す）と比べると「巨人」だった」（『トリビューン』）。収容所管理局の白人たちが、これは見ものだとばかりにスタンドに陣取っていた。しかし、二世にはとっておきの秘策があった。小柄な日系人選手が対白人戦に用いる十八番、バントによる攪乱戦法である。大男の投手が右へ左へと転がるボールを追いかけている間に、ちょこまかとした日系人が一塁ベースを駆け抜ける。一世たちが腹を抱えて哄笑する場面だった。

農工大は右腕の栗間に対して左打者を五人並べてきたが、「大きなバッターは的（ストライクゾーン）を大きくするだけ」で、栗間にとっては都合がよかった。栗間は6安打にまとめ、ジェローム・オールスターズは7安打と敵失を活かして6－0で大学チームに完勝、管理局の白人の鼻をあかした痛快な勝利だった。試合を伝える収容所新聞は「ムーン栗間がモンティセロチームを零封」と見出しを打った。もっとも大学チームは新チームになったばかりで一度も練習の機会がなく、注文したユニフォームも間に合わず、ジェロームから拝借しての試合だった。それでも完投のカーデンはさすがに9奪三振、被安打は7。

この大学、現在はアーカンソー大学モンティセロ校と名前を変更している。当日の試合に関して同大学で調べたが、大学側の記録や新聞などに情報はまったくなかった。ちなみにアーカンソー州に設置された二か所の収容所に関する史料について言えば、アーカンソー大学フェイエットビル校の図書館に保管されている。いくつもの史料ボックスにはワシントンの戦時転住

アーカンソー農工大学戦　1943年 8 月22日　Herb Kurima 氏提供

局（WRA）と地元関係者との通信記録などのドキュメント書類や収容所内を撮影した写真が多数保管されているが、不思議なことに野球に関するものは写真も含めて皆無である。

ジェローム所内野球リーグ第2ラウンドは八月六日に始まった。Aリーグは同じ四チームだが、Bリーグにはデュークスとフローリンが加わり九チームでのペナントレースとなった。しかしこのラウンドはさまざまな来訪チームとの対戦に忙しいためか、途中で消滅した。八月末の最終順位では2勝0敗のフローリンが1位。投手ハーブ栗間に7勝1敗（第1、2ラウンド通算）の記録が残る。

ジェローム収容所一九四三年Aリーグ最終順位（第2ラウンド）

1	フローリン	2勝0敗
2	ボウルズ	1勝1敗
3	ロングビーチ	0勝1敗1分
3	ハンフォード	0勝1敗1分

日系四四二連隊チーム来襲と忠誠登録

一九四三年九月四日（土）と五日（日）の週末に、州都リトルロックで開催されるアーカンソー州野球大会にジェローム・オールスターズが招待されるかもしれないと期待を抱かせる記事が収容所新聞に掲載された。アーカンソーのセミプロ野球ナンバーワンを決める大会である。しかし、たとえ招待されていたとしても、出場したかどうかはわからない。それというのも、この週末にビッグカードが組まれたからだ。二か月前の一〇〇大隊と同じく、ミシシッピ州シェルビー基地から日系兵三七人を乗せた陸軍トラックが到着した。一〇〇大隊は徴兵された日系兵で編成されていたが、今度は日系二世の志願兵からなる第四四二連隊戦闘部隊の野球チームが3連戦の予定でジェローム収容所に来襲したのだ。

「真珠湾」後、アメリカ政府は敵国民の子孫である日系兵を兵役不適格に分類した。しかし一九四三年一月二八日、ヘンリー・スチムソン陸軍長官は、アメリカ本土とハワイから志願兵を募り、日系アメリカ市民による新たな陸軍部隊を創設するとの方針転換を発表した。日系二世も今後、特別戦闘部隊に志願し、第一線に立つことができるとしたのである。フランクリン・D・ローズベルト大統領も二月一日、「忠誠なアメリカ市民はその祖先にかかわらず、国家のために武器を取る固有の権利がある」（『ヒラニューズ・クーリエ号外』一九四三年一月二九日）

との声明を発した。これは、一〇〇大隊とは別の日系アメリカ人二世による大規模戦闘部隊を新たに組織することを意味した。戦争協力をアピールするJACL（日系市民協会）は開戦と同時に日系人が身を以てアメリカに忠誠を証明する機会をくれと政府に強く働きかけていたのだった。四四二連隊創設は、日系人の強制収容が人種差別によるものという批判をかわす政治的判断にも利用されたのである。一〇〇大隊兵が教官たちを驚かせるほどすぐれた訓練成果を見せていたことも、理由のひとつとなった。

アメリカ本土とハワイで志願兵の募集がされた。募集と並行して、一九四三年二月から新たな日系人部隊の創設に向かう陸軍と、収容所経費を軽減するために日系人の収容所外への出所を促進していた戦時転住局（WRA）は共同で、一七歳以上の日系人を対象に「忠誠」と「不忠誠」に選別する「忠誠登録」を全収容所で実施した。ジェロームにも一九四三年三月、陸軍から担当者が調査に来所した。この忠誠登録は、とくに質問第二七項と第二八項でアメリカに忠誠を誓うか、誓わないかの二者択一を迫るもので、日系人にとって大きな問題を惹き起こした。

第二七項　命令されたら、どこにおいても戦闘任務に就くために、米国軍隊に服務する意思

天皇や外国政府への忠誠を否認するかはあるか

第二八項　米国に無条件に忠誠を尽くし、

「忠誠登録」は日系人を二分し、家族の中にも、一世と二世の間にも亀裂を生んだ。アメリカ市民権をもつにもかかわらず強制的に立ち退かせ隔離収容しながら「忠誠」を求め、国のために武器を取れとする政府の勝手極まりないやり口に収容所の二世たちは納得できなかった。とりわけ天皇への忠誠を捨てアメリカに忠誠を誓うかとの質問は、アメリカでは帰化が許されなかった外国人であり、日本籍のままである一世を苦しめることになった。

ジェロームでも三月六日夜、アメリカへの戦争協力を主張する元日系市民協会会長トーマス・T・ヤタベら二人が集団で襲われる事件が発生した。犯人は挙がらなかったが、テイラー収容所長はハワイ出身の〝トラブルメーカー〟の仕業と見ていた。ジェロームでこの忠誠登録に「イエス、イエス」と回答したのが五七六三人、そのうち三一人が日系人部隊に志願した。

二世兵の募集人員は、はじめは本土から三〇〇〇人、ハワイから一五〇〇人となっていた。ところがハワイでは九五〇七人が応募したため募集枠が拡大され、最終的には二六八六人の採用が決まった。本土からの応募は当初五〇〇〇人に届かなかったが、ようやく約一二〇〇人に達した。全収容所の二世男子で従軍に「ノー」と答えた者は六七〇〇人を数えた。募集に応じたのは「二つの任務を成し遂げるためだ。この国のために戦う、また、自分たち日系人のために戦う」ためだったと、ヒラリバー収容所新聞『ニューズ・クーリエ』（一九四三年三月一六日）は志望者を弁護した。

ハワイの志願兵は盛大な見送りを受けて本土へ渡った。収容所からの志願兵と合流し、一九四三年四月からシェルビー基地で訓練が始まった。四四二連隊とは、こうして誕生した日系人の志願兵からなる陸軍部隊である。一〇〇大隊はハワイの二世だったが、四四二連隊はハワイ出身者が三分の二、アメリカ本土からは三分の一の混成だった。そのため言葉や考え方、習慣の違う両者が対立し、暴力沙汰におよぶこともあったが、それを乗り越えてヨーロッパの戦場では「Go For Broke!」（当たって砕けろ）の精神で勇猛に戦ったことで知られる。

一〇〇大隊がルイジアナの大演習からシェルビー基地に戻ると四四二連隊がすでに到着していて、友人や家族と喜びの再会を果たした。アロハ・チーム捕手のワタル兼品には四四二連隊の弟が待っていた。

「一〇〇大隊は全員がドラフティー（被徴兵者）。四四二連隊はボランティア（志願兵）。弟と会うことができた。弟はまだ一八歳のときにボールドウィン・ハイスクール（マウイ島）から卒業式の前に四四二連隊に入った。四四二連隊は平均年齢一八、一九歳。ドラフトされ、いったんディスチャージ（除隊）して志願で再入隊した人たちは二七歳くらい。四四二連隊は若いのと年長者。その中間が一〇〇大隊」

ところでシェルビー基地では一〇〇大隊アロハ・チームと、その弟分に当たる四四二連隊チームが記念すべき一試合を戦っていた事実がある。一〇〇大隊のゴロウ森口と四四二連隊のレフティ樋口というホノルル朝日の両投手が投げ合った結果について、『デンソン・トリビューン』（一九四三年九月三日）は「四四二連隊は一〇〇大隊を1－0で破った」と報じた。

一〇〇大隊チームの野球に関する情報は、一〇〇大隊戦闘記とも言えるトーマス・D・マーフィー著『武装した大使たち』（*Ambassadors in Arms*, 1954）などに断片的な記述が見られるにすぎず、記録ではなく、記憶にたよるしかない。四四二連隊との対戦について、ホノルルで一〇〇大隊の元選手たちに尋ねてみた。

ハワイ島出身、オーラのチームからホノルル日本人シニア野球リーグの「日本」でプレーしたサダシ松並は語る。

「シェルビー基地で四四二とやったとき、2－1か1－0かの1点差で負けた。延長の試合だった。もう暗くなっていたが、ライト（照明設備）はなかった。外野がフライを捕れなかったんじゃないかと思う。シェルビー基地では四四二連隊との試合だけだった。たしか一〇〇大隊は森口が先発、谷川はリリーフだった。捕手は山下」

「レフティ樋口さえいなけりゃ問題ないんだが」と語るラベル監督は一〇〇大隊が四四二連隊の樋口投手を打ち崩せなかったと悔しがった。

しかし、一〇〇大隊チーム捕手だったワタル兼品（マウイ島出身）からは興味深い答えが返ってきた。

「シェルビー基地で白人チームと数試合やった。しかし、試合数は多くない。ルイジアナの山中での三か月におよぶ大演習から［シェルビー基地に］帰ってきてからはシェルビーでの滞在期間があまりなかったからだ。四四二連隊は［シェルビーに］着いたばかりだった。［両チームの対戦では］同点になったが延長に入らないことにした。互いに相手を負かしたくなかったから［引き分けとした］。四四二連隊のレフティ樋口がよかった」

いずれにしても一〇〇大隊の「アロハ」にとって四四二連隊戦がアメリカ本土で単独チームとして戦う最後の試合となった。

一九四三年九月四日、土曜日、四四二連隊チームはシェルビー基地のチャンピオンという看板を掲げてジェロームに乗り込んできた。シェルビー基地には師団リーグと師団外リーグという二つのリーグがあり、師団外リーグ（12チーム）は前期後期の2シーズン制を取っていた。師団外リーグ前期を12勝1敗の成績で優勝を飾った四四二連隊チームは、後期シーズンもすでに6連勝中の勢いでジェロームにやってきた。しかし、ジェローム・オールスターズはその四四二連隊も斥けたのだった。

第一戦。初回からジェロームは手堅く攻めた。先頭打者の二塁手ビル塚本は四四二先発チック池永の投球をライナーでレフト前へ運んだ。続く遊撃手ヒロ田原は送りバント。三番ヨシ塚本への1球目、二塁走者ビルは三塁へ走った。これを見た捕手デューク綿谷は三塁に投げたが、これが悪送球となってビルは先制のホームを踏んだ。四四二連隊は二回表、同様の攻めで同点とした。まず綿谷の内野安打、中堅手リチャード今岡は確実に送りバントを決めた。続く三塁手ゴロウ柏枝は順当に綿谷をシングルで還したのだった。

追いつかれたジェローム・オールスターズだったが、三回にも2安打で2点を入れ、3－1と再度引き離すと、四四二連隊も五回に1点を追加し食い下がった。しかしそこまでだった。「デンソン内野陣の固い守りと、ハーバート・ムーン栗間の6安打散発に抑えるピッチングで収容所オールスターズは四四二連隊を3－2で破った」（『トリビューン』）。四四二連隊チーム

シェルビー基地からやってきた442連隊チームとの試合　1943年 9 月 4 日
Herb Kurima 氏提供

で一人気を吐いたのはチーム最強打者、ゴロウ柏枝で、2単打と1打点を記録した。柏枝は戦後一九五三年に読売ジャイアンツに入団するディック柏枝文治三塁手の兄。出身地ハワイ・カワイ島にスラッガーとして名を残している。

					点	安	失
ジェローム	102	000	000	—	3	5	3
四四二連隊	010	010	000	—	2	6	2

投手　(ジ)〔勝〕ハーブ栗間　(連隊)〔敗〕チック池永

翌日曜日、第一戦で見せた四四二連隊の健闘ぶりに気をよくしたハワイ出身のジェローム入所者は、早朝から何十人もが総出で栗間たちのグラウンド整備を手伝った。試合前の練習が終わり、いざプレーボールというときに予期せぬ雨が降り出した。アーカンソーの雨はいったん降り出すと激しい。整備したてのグラウンドはたちまちプールのように水浸しとなった。グラウンドは粘土質のため、いったん濡れるとシューズのスパイクに泥がくっついてやっかいだ。3連戦が予定されていたが日曜日のダブルヘッダーは流れた。四四二連隊チームは18勝1敗の成績を掲げて意気揚々とジェロームの慰問試合に乗り込んで来たものの、黒星を一つ増やしただけでシェルビー基地へと引き揚げて行った。

シェルビー基地での野球記録は少ないが、四四二連隊のアルバム（*The Album: 442nd Combat Team*, 1943）等によると、師団外リーグに所属する四四二連隊は、2シーズン制の前期に続いて後期も1敗（勝ち数は不明）で優勝を飾り、一一月にもう一つのリーグ、師団リーグで優勝した第二七三歩兵連隊チームとのシェルビー基地の優勝決定戦に臨んだ。四四二連隊のエース、レフティ樋口は初回に2点を取られる苦しい立ち上がりだったが、その後は5安打8三振で投げ切った。打線は四回に2－2の同点に追いつき、最終回（七回）に右翼手ゴロウ柏枝が樋口の好投に報いるライトへの特大2点本塁打を放ち、四四二連隊は一九四三年シェルビー基地全体のチャンピオンとなった。

ところで、ジェローム・オールスターズのアーカンソー州野球大会出場は実現しなかったが、アイダホ州ミニドカ収容所の日系二世チーム、ハント・オールスターズは一九四三年八月、アイダホフォールズで開催された第五回アイダホ州セミプロ野球大会に出場し、八チーム中の四位になっている。興味深いのは、この大会の準々決勝で二世チームはハント・ミリタリーポリス・チームに14－1で大勝したことである。つまり自分たち二世選手を収容しているミニドカ収容所を監視するMP（軍警察）のチームを破ったということだ。収容された日系人を日頃から管理監督している白人に一撃を食らわしたことになる。

日系二世選手の北アフリカ、ヨーロッパ戦線

シェルビー基地の一〇〇大隊に出動命令が下った。ラベル監督は「マッコイでもシェルビーでも、自分たちで野球グラウンドを造ったと思ったら、すぐに移動させられた」と話す。約一年二か月の訓練を終えた一〇〇大隊は一九四三年八月一一日、シェルビー基地を出発、ニュージャージー州キルマー基地を経て大西洋を渡った。向かうは北アフリカ。九月二日、フランス領アルジェリアのオランに上陸。一〇〇大隊は第三四師団に編入され、昼間は熱風、夜間は血を吸う砂蚤に悩まされながら、軍需物資の補給、列車の警備、ドイツ兵捕虜の監視に当たった。

驚いたことには、米軍は北アフリカでも野球をやっていたということだ。元アロハ・チーム捕手のワタル兼品は、「北アフリカでは、四、五人ピックアップされて［第三四師団第一三三歩兵連隊の］白人と一緒に別の白人チーム［一六八歩兵連隊］と対戦した」とインタビューで語っ

た。一六八連隊はそれまで北アフリカでは無敗を誇る王者だった。試合は両チームが九回まで接戦を演じたという。ラベル監督は「一〇〇大隊結成以来もっとも忘れられない試合だ。2－0で勝った。ニア・パーフェクト！」と覚えている。その後、アロハは単独チームとしての最後の試合となった一三三連隊戦で26－0と打線を爆発させ圧勝した。この試合にはジェロームでも登板した白人士官ポール・E・フロニングがマウンドに上った。その右腕投手フロニング、戦後一九四六年にはニューイングランド・リーグ（Bクラス）のマンチェスター・ジャイアンツでプロデビューしている（24試合、100イニング、7勝5敗、防御率4・23）。

その後、一〇〇大隊長ターナー中佐はドイツ軍掃討に一〇〇大隊のヨーロッパ戦線投入をみずから申し出た。そのため一〇〇大隊は三四師団とともにイタリアに向かうことになった。

地中海を渡る前のこと。アロハ・チームの投手セイジ谷川は「ユニフォームからスパイクから砂漠に穴を掘って埋めた。捨てたのよ。仕方ない。もう使わないから。前に行かれんから、重くなって」と日本語で話してくれた。一〇〇大隊が出発した後、地元民が掘り返して持ち去ったと知った。同じく投手のサダシ松並は「弟がベースボールやっていたので、ユニフォームをハワイに送り返した」と語った。

一九四三年九月二二日、一〇〇大隊はイタリア・ナポリの南、サレルノビーチに上陸した。

イタリアはすでに九月八日に降伏。一〇〇大隊は敗走するドイツ軍の追撃を命じられ、一週間後、はじめて戦闘に参加した。分隊長のジョー高田軍曹は「はじめてなので、オレが行く」とドイツ軍の立てこもっていた豪に向かって自動小銃を撃ちながら飛び出した。ちょうどそのときドイツ軍戦車による88ミリ砲弾の破片が高田の頭部を直撃し、高田は第二次大戦の日系米兵最初の戦死者となった。高田はオアフ日本人シニアリーグ所属ワイアルアを経て、ホノルル日本人シニアリーグの吾妻とホノルル朝日のセンターを守った。一九四〇年、日本での皇紀二六〇〇年奉祝東亜競技大会へ参加した朝日遠征チームの一員であり、二か月半前にジェロームを訪問したアロハ・チームのメンバーでもあった。

一〇〇大隊はローマ進軍を前にして、一九四四年一月、モンテ・カッシーノの熾烈極まる戦いで大きな損害を蒙った。イタリア上陸時一三〇〇人だったのが、吹雪と豪雨の中の戦闘後には満足に戦える者六〇〇人に激減していた。一〇〇大隊だけで一七〇三人もがパープルハート章（名誉負傷章）を受けたので、一〇〇大隊は別名「パープルハート大隊」と呼ばれるほどである。一九四四年六月、一〇〇大隊はあとから追って来てヨーロッパ戦線に加わった四四二連隊に組み込まれたが、勇気ある戦いぶりに敬意が払われ、一〇〇大隊の名はそのまま残された。

第一〇〇歩兵大隊と第四四二連隊戦闘部隊の隊員数を合計すると、その数は三万三〇〇〇人に上る。そのうち戦死者六〇〇人、負傷者九〇〇〇人という膨大な犠牲を出しながら、日系人のアメリカ国家への忠誠を証明すべく目覚ましい働きをしたことは今ではよく知られている。

一〇〇大隊の米谷大尉は、一九四三年七月のジェローム収容所での歓迎に対し、アメリカを離れたあとも、北アフリカから、そしてイタリア上陸後、ジェローム収容所のUSO（米国慰問協会）によく便りを寄せた。「独立記念日にみなさんに楽しんでもらった試合に出場した選手の中には、もう二度と会えなくなってしまった者がいます」（『デンソン・トリビューン』一九四三年一二月一七日）。ジェローム収容所を訪問した一〇〇大隊アロハ・チームのうち、ヨーロッパ戦線で戦死を遂げたのはジョー高田三等軍曹とマッシー宮城三等軍曹、マサル・タケバ三等軍曹の三人。ウィスコンシン州マッコイ基地で撮影された記念写真（94頁）に写るアロハ・チーム二七人のうち戦死者は五人を数える。

戦後ハワイに戻った米谷はホノルル朝日球団（アスレティックス）のオーナーを辞し、ヨーロッパで戦死した一〇〇大隊兵士の遺族を訪ねては、一人ひとりがどのような最期だったのかを伝えて回ったという。

また、ホノルルのマッキンレー・ハイスクールから朝日の選手となった一〇〇大隊上等兵

〝タートル〟大宮義直は、イタリアでの激戦地ボルツルノ川の戦闘中、地雷の爆発により視力を失った。マッキンレー・ハイスクール時代からのラベル監督お気に入りの捕手で、三八年のキャプテンを務めた。「バッティングも守備もうまい。ただ欠点は足が遅いこと。〝タートル〟(カメ)というニックネームは私がつけたんだ」(ラベル)。写真雑誌『ライフ』(一九四四年二月七日)に負傷した両目を眼帯で覆った大宮の一頁大の写真が掲載され、日系人ばかりか、アメリカ中の人々に日系兵士の勇敢な活躍ぶりを印象づけた。

四四二連隊ではジェローム戦でも活躍したゴロウ柏枝がイタリアで戦死した。四四二連隊はフランスの山中でドイツ軍に包囲され絶体絶命の危機にあったテキサス大隊二一一人を、それよりも多い一四〇人の戦死者と七〇〇人近い負傷者を出しながら救出した。ジェローム収容所から志願したフランク山田伝の弟、ジョージ山田良次もこの戦いで地雷による爆傷を受けたが、九死に一生を得た。

ところで、日系兵士はヨーロッパでも野球をやっていたのだろうか。ラベル監督は、「ヨーロッパでは「野球は」やらなかった。スイミングとボクシングはやったがね」と言う。

谷川の話。「戦争が終わり(一九四五年五月七日ドイツ降伏)、イタリアの山中でソフトボールをやった。一回だけイタリアでピックアップチームで野球をやったことがある。ジャパニーズ対白人（第三四師団）」。秋元は「白人の見物人がわれわれを応援してくれた。ここでやっとプレーできた。アーミーシューズでプレーした。えらいねぇ、アーミーシューズで駆けるのは」と振り返った。秋元はずっと一〇〇大隊チームではベンチウォーマー（控え選手）で出場の機会が限られていた。アロハのユニフォームの数が足りず、そのため試合になっても、いつもスウェットシャツを着ていたという。

「ノーノー・ボーイ」との別れ

一九四三年二月の「忠誠登録」が収容された日系人を「忠誠」と「不忠誠」に分けるものだったことは前述のとおりである。それはたんに四四二連隊のような新たな日系人だけの隔離部隊を創設し、「忠誠」の意思表示をした日系二世を収容所から戦争に駆り出すだけではなかった。質問第二七項と第二八項に「ノー」と回答したか、無回答だった者を、つまり必ずしも実際は「ノーノー」でなくても十把一絡げに「不忠誠」と決めつけ、危険分子として隔離措置を取ることでもあった。

戦時転住局（WRA）の設置した一〇か所の日系人収容所のひとつ、北カリフォルニアのツールレーク収容所を不忠誠者専用の隔離収容所に指定し、各収容所から不忠誠組をそこに集めた。いわゆる「ノーノー・ボーイ」一四九〇人を、一九四三年九月一五日、二五日、二六日の三回に分けてジェロームからツールレーク収容所に移送した。それと交代にジェロームはツールレークから九〇〇〇人を受け入れた。

去って行く「ノーノー・ボーイ」のためにジェローム収容所内では踊りや浪花節、漫才などの演芸大会が催され、スポーツ部もさよなら相撲大会などのイベントを打った。九月一日の夕方にはツールレーク組対残留組の惜別野球試合がブロック21ダイヤモンドで行われた。ツールレーク組の監督はボウルズ監督エド簗村。一九〇五年日本生まれ、一〇代でアメリカに移民してきた簗村は「ノーノー」を選択したのだった。残留組監督はハーブの従兄マック栗間。マックはハーブ栗間、アーニー栗間、タク安保の順でマウンドに上げた。試合は、最悪の雨中の戦いとなり、六回日没コールドでジェローム残留組の勝利（8－0）に終わった。

簗村が去って、ハーブ栗間は野球部門のトップに就いた。つまり簗村のあとを受けて収容所のスポーツ全般を統括する「アスレティック・ディレクター」（体育部長）への就任だった。

「ノーノー・ボーイ」の隔離収容所となったツールレークでは、一九四三年秋、被収容者と管理局とが激しく対立し、一一月には陸軍が出動して戒厳令が敷かれ、管理体制に反抗的とみなされた二〇〇人以上が法的な手続きを踏むことなく逮捕されストッケイド（営倉）に閉じ込められるなど、他の収容所とは比較にならないほど日系人への厳しい締め付けが長期化した。

一九四四年—閉所期—ベースボール

一九四四年の春が来た。三月はじめに栗間は短期間務めたアスレティック・ディレクターを辞任し、その役は同じフローリン出身の若いウォーリー津田が引き継いだ。三月二三日、津田は新しい野球シーズンに向けてチーム代表者ミーティングを召集したが、結論はリーグ戦を行わないことになった。それというのもジェローム収容所は一九四四年六月三〇日をもって閉鎖されることが決まっていたからだ。

一九四四年二月二二日、ジェローム収容所二代目所長E・B・ウイテカーから収容所の閉鎖が正式に発表された。テイラー初代所長はすでに首都ワシントンの農務省の要職に転じ、四三年一二月一日付けでウイテカーに交代していた。

内務省長官ハロルド・L・イッキーズの発表によれば、全一〇か所の収容所には、この時点でまだ九万二〇〇〇人の日系人が収容されていた。この数字は、「外住」で収容所を出たのはわずか一万九〇〇〇人（17%）に過ぎなかったということである。一〇収容所のうち「外住」がもっとも遅れていたのがジェロームで、閉鎖時でも一五一八人しか出所していなかった。

「戦時転住局が九万二〇〇〇人を収容しておくためには一〇か所より九か所にした方が経済的負担が軽い。ジェロームが一番最後にできた収容所なので施設面では他の収容所よりも整備されていない」という理由から、ジェロームがいち早く閉鎖されることに決まったのである。

これまで述べてきたように、米国政府と戦時転住局は、決して単純に日系人の「外住」を促進してきたわけではない。収容した日系人を「忠誠組」と「不忠誠組」に選別し、「忠誠組」を西海岸の強制立ち退き地域以外へ広く分散移住させようとしたのだ。ジェローム収容所の場合、その最初の事例となったのが、一九四二年一一月に東部の女子大ラドクリフに進んだ学生の場合である。しかし、教育上の理由であっても、指定大学以外には入学できなかった。また出所するためにはワシントンへの申請とＦＢＩによる審査が必要とされた。東部のニュージャージー州（ブリッジトン）やペンシルベニア州（フィラデルフィア）、中西部のイリノイ州（シカゴ）の工場、農場などに職を得て、収容所を出る者も相次いだ。中でも多くが中西部のビート畑に向かった。

大戦中、米国軍隊は陸軍婦人部隊（Women's Army Corps, WAC）を創設したが、一九四三年九月一日、日系人女性にもＷＡＣへの門戸が開かれた。グラナダ収容所を出てシカゴで働いていた二〇歳のアイリス・ワタナベがその第一号となった。四三年末までに陸軍に志願した日系

スポルディング・チームとの試合　1944年6月4日　Herb Kurima 氏提供

女性は七人を数えた。

ジェローム収容所の閉鎖が迫ってもブロック21ダイヤモンドでは相変わらず試合が続いていた。しかし、試合といっても外部チームなどとの単発的な対戦が行われただけだった。ハーブ栗間の登板も少なくなった。前年に引き続きローワー収容所との二試合（四月三〇日と五月一四日）が行われたが、ウィリー香川はすでに収容所を出ており、栗間も、ローワーがジェロームを5－4で下した第二戦に姿を見せる程度に登板したくらいだった。五月二七日、土曜日にはジェロームのオールドタイマーズ（年長選手）がオールスターズ（若手選手）に14－6で敗れている。栗間はオールドタイマーとして最後の2イニングに登板し、パーフェクトに抑えた。さらに六月四日、日曜日にはアーカンソー州リトルロック・シティリーグ（セミプロ）所属スポルディング・チームを迎え、ジェローム収容所ブロック21ダイヤモンドでの最終戦を先発で飾ったが、6－7で敗れた。三〇〇〇人の日系人がブロック21ダイヤモンドでの野球を惜しむかのように観戦した。ジェローム開所以来はじめて日系人が白人チームに敗れた試合だった。

閉所後、戦争省（現・国防総省）によってジェロームの施設はドイツ兵、イタリア兵の捕虜収容所に転用された。

第六章　アリゾナ州ヒラリバー収容所

ケン銭村に合流

一九四四年六月三〇日、ジェローム収容所は、開所期間二一か月という一〇収容所の中でももっとも短命に終わった。ジェロームにとどまっていた五五九八人が、ローワー（二五二二人）、ヒラリバー（二〇五五人）、グラナダ（五一四人）、ハートマウンテン（五〇七人）の四つの収容所に分散移動させられた。ジェローム入所者にとっては再々移動である。栗間一家ら五一五人は第一団として六月一三日朝九時、ジェロームをあとにして、アリゾナ州中部のヒラリバー収容所へ向かった。アリゾナ州カサグランデで列車を降り、バスに乗り換えてヒラリバーに着いたのは二日後、一五日午後六時三〇分だった。このあと六月中に移動のための三列車がヒラリバーに向かった。この地の暑さはアーカンソーと同じだったが、ミシシッピ川デルタ地帯の湿気の多さとは違い、乾燥した暑さは栗間に故郷フローリンを思い出させた。

ヒラリバーではフレズノ仮収容所で別れたケン銭村と一年八か月ぶりに合流することになった。実は、銭村はフレズノ仮収容所から、ハワイ時代からのチームメイト、フレッド吉川ら多くの野球仲間がジェロームに移されたのに、自分だけがヒラリバー送りになったことに怒っていた。それでも、野球の鬼と言われる銭村はヒラリバーでも「ゼニムラ・フィールド」(銭村野球場)を造り、野球に取り組んだ。

栗間がやってきた頃、ヒラリバー収容所では、銭村の率いるブロック28チームとブロック65チームによる2戦先勝方式での優勝決定戦、その名も「メジャーリーグ・チャンピオンシップ・シリーズ」の真っ最中だった。六月一九日、ブロック28は、延長一〇回を戦い1-0で2勝目を挙げ、一九四四年ヒラリバー野球のペナントを勝ち取った。平均打率・318とリーグ五チーム中ダントツの銭村のチームには、銭村とその次男、二塁手ハワード健三(47打数21安打、打率・446首位打者)と三男、遊撃手ハービー健四がプレーしていた。栗間は久しぶりに見る銭村の息子たちの、とくに三男の成長ぶりにすっかり感心した。「健四は走るのでもバッティングでもうまいですよ」

七月に入るとジェロームから移ってきた日系人の歓迎を兼ねて、収容所を挙げての独立記念祝賀会が開かれた。踊りや演芸会、パレードなどさまざまなプログラムに沸いた。ちょうど祝賀の最中にアリゾナ州のポストン日系人収容所野球チーム「アリゾナ・ヤンキーズ」がヒラリバーに来訪した。ハーブ栗間は、四日の独立記念日に地元ヒラリバーのカーディナルズの一員となって登板したが負けた（9－13）。四日後には、アリゾナ・ヤンキーズと栗間の旧ジェローム・オールスターズが対戦。先発マウンドに上がった栗間だったが、援護に恵まれず、2－7でまたもや敗れた。

アーカンソー州における、栗間と香川が投げ合ったジェローム対ローワーの「一九四三年収容所対抗シリーズ」は栗間の球歴にとってハイライトの一コマとなったが、ここヒラリバーでの収容所相互間の野球交流は日系人野球の大立て者、ケン銭村の働きで四度も行われている。しかもジェローム―ローワー間が直線距離四三キロだったのに比べれば、それぞれのチームにとってはいずれもケタ違いの大遠征である。

①一九四三年八～九月　ハートマウンテン収容所からサンノゼ・ゼブラズ（サンノゼ旭の若手チーム）が来訪（収容所間の直線距離一三一二キロ）

②一九四四年七月　ポストン収容所のアリゾナ・ヤンキーズが来訪（同二六〇キロ）

③一九四四年八月　グラナダ（アマチ）収容所のアマチ・オールスターズが来訪（同一〇二三キロ）

④一九四四年八～九月　ヒラ・ジュニア・オールスターズがハートマウンテン収容所へ遠征（同一三二二キロ）

①日系強豪サンノゼ旭の監督ラッセル日永も小柄だが、日系球界では銭村と並ぶリーダーである。日永は一九三五年北米遠征中の東京ジャイアンツ戦で、投げては2点に抑え、バッターとして九回裏2死からさよなら打を放つ大金星の活躍を見せた。一九四三年七月、日永はヒラリバーのケン銭村宛に「ハートマウンテンの野球シーズンは終盤を迎え、われわれは他の収容所への遠征計画を立てている。そちらのオールスターチームか優勝チームと対戦したい」と挑戦状を送ったことから収容所対抗シリーズが実現した。

④ヒラリバー収容所ジュニア遠征チームは監督兼投手としてケン銭村が率いた。メンバーには二人の息子、二塁手ハワード銭村（一七歳）、中堅手ハービー銭村（一五歳）に、元ジェローム投手タク安保（二二歳）も加わった。マネージャー役はカリフォルニア州アラメダの花屋、ハリー児野彦太郎。児野は、戦前からなみならぬ情熱を抱いて日米間の野球交流に力を尽くした。中でも一九三一年と三七年に自身が編成したチームで日本遠征を挙行した実績があ

る。三七年のチームとは、すでに触れたように栗間のハイスクール一学年下の外野手フランク山田が日本に行き、阪急に入団するきっかけとなった二世チーム「アラメダ児野オールスターズ」のことである。栗間も参加を要請されたが、イチゴの世話で断念せざるを得なかった遠征チームであった。

この頃のヒラリバー収容所新聞『ニューズ・クーリエ』には、イタリア戦線で戦死したヒラリバー収容所出身者の葬儀への会葬お礼広告が何度も掲載された。また収容所外への仕事募集広告が頻繁に掲載され、とくに中西部のシカゴ、デトロイト、クリーブランド、ミルウォーキー、ミネアポリスから東部のニューヨークやフィラデルフィアへと、自動車修理工、バス運転手、印刷所助手、靴職人、クリーニング職人、パン職人、コック、庭師、家内労働に就くため、またアイダホ州へポテトやビート、タマネギの収穫労働者として多くの者が収容所を出ていった。

一九四四年一一月八日にハーブ栗間は二度目の徴兵を受け、陸軍に入隊した。この年一月二〇日に日系二世の徴兵が復活していたのだ。ヒラリバー収容所から栗間ら二三人はユタ州ソルトレークシティのフォート・ダグラスへ送られた。

コラム　6　ロサンゼルス→グラナダ収容所→シカゴ——ミン渡辺

ケン銭村を「カリフォルニア日系人野球の父」と呼びたいと話したミン渡辺稔には、一九九一年四月二七日、シカゴのビズマークホテルで話を聞いた。日系人野球史の生き字引と思わせるほど、何でもよく知っていた。

渡辺は一九〇七年九月一六日ロサンゼルスに生まれた。一二歳のとき、父の故郷熊本で一年間学校に通ったことがある。帰国後一三歳か一四歳で「オリバークラブ」という子ども会に入り、そこで野球を始めた。その後、アップタウン地区の成人野球クラブ「ダイヤモンド」でプレーした。一九二五年、まだハイスクールのとき、日本に遠征する二世チーム「サクラメント日本」に「日本に行きたいか」と誘われ参加した。一番の理由は「日本にいる母親に会いたかった」からだ。日本で四番捕手の座を務めたが、「でも、いいチームではなかった。ただベースボールやっているだけの人たちで、たいていはファーマーだった」

一九二六年に渡米予定だった早稲田チームに対抗すべくロサンゼルスで日系セミプロ「LA日本」が結成されたが、渡辺はそのオリジナルメンバーに名を連ねた。「モウリン・ミノル」（壊し屋）と呼ばれた長打力が自慢だった。一塁手に転向した渡辺に二回目の日本遠征の機会が訪れたのは一九三一年のこと。LA日本は、メンバーにジョージ松浦、サム高橋、ジミー堀尾とバッキー・ハリスというのちの日本プロ野球組と若手白人二投手を擁し、日本で20勝5敗の好成績を挙げた。「これは本当にいいチームだった。われわれはプロスタイルの野球を身につけてやっていましたから。タブ・スペンサーは元セントルイス・カーディナルズのキャッチャーでした。もう一人、ドック・クランドルは元ニューヨーク・ジャイアンツでスピードボール投手だった」

全盛期のLA日本はシカゴ・カブスのトレーニングキャンプ地だったロサンゼルスの沖合にあるカタリナ島でカブスのルーキーチームと対戦したこともある。「そこと当たるのは、われわれにとってボーナスみたいなもんです。南カリフォルニアでいいチームはみなカタリナ島に招待されました。それがとても楽しみでしたよ」

LA日本が最後にプレーしたのは、日米戦争が勃発した日だった。「日曜日でした。試合の予定があったので、球場に行きました。対戦相手のマネージャーが親切にわたしに、「あなたがたはつらいでしょう。試合は止めましょう」と言うのです。「あなたたちは今日は試合する気にならないでしょう」と」

結局、渡辺たちロサンゼルス地区に住む日系人はグラナダ収容所に送られた。そこでも野球リーグ戦をやった。「わたしがチームを作り、リーグを結成しました。［上級AAリーグに］五チームありました。みんな若い人たちで、わたしはマネージャーとコーチをやりました」

元LA日本選手ミン渡辺　1991年4月27日シカゴにて著者撮影

　戦争終結一年前に渡辺も「外住」を選択した。グラナダ収容所を出て、知り合いが一人もいないシカゴで工場労働者となった。渡辺はビールを飲まないと言った。ビール工場で働いたとき、あまりの不潔さに驚いたからだ。ソーセージ工場にも勤めたが、そこの衛生状態のひどさから以後ソーセージは食べる気がしなくなったと言う。その後、おもちゃ工場で職長になった。

　インタビューから三日後、四歳下の妻ヤエコとシカゴのチャイナタウンに誘ってくれた。中華料理の注文も手慣れたもので、そこでごちそうになったクレッソンスープはわたしにははじめての、しかも極上の味だった。その店は、渡辺がシカゴにやってきたとき、チャイナタウンで日系人の客を断らない唯一の店だったと教えてくれた。

渡辺は戦後、ロサンゼルスに帰る気にはなれなかった。「ロサンゼルスはまだ仕事を探すときにハイセキがあります、昔ほどひどくありませんが。シカゴにはハイセキがありませんん。クォリファイさえすれば、どんな仕事にも就けます。それがここ（シカゴ）のわたしが好きなところです」。インタビューから七か月後の一九九一年一二月七日、渡辺は八四歳で亡くなった。その日は真珠湾攻撃からちょうど五〇年にあたり、ハワイではジョージ・H・W・ブッシュ大統領を迎えての祈念式典がとり行われた。

第七章　カリフォルニアでの戦後

故郷フローリンに帰って

一九四五年一月二日、連邦最高裁の裁定に基づき、陸軍西部防衛司令部が日系人の西海岸からの立ち退き命令を撤回した。栗間は二度目の召集を受けて陸軍にいたが、まもなく除隊になった。戦争が終わると、兄弟の中でハーブ栗間と一番下の弟アーニーだけが両親とともにフローリンに帰ってきた。他の弟二人は新天地を求めてニューヨークへ向かった。戦前からニューヨークでレストランを経営していたハーブ栗間のすぐ下の弟ゲーリーと一緒に働くためである。

栗間は三年余ぶりに帰った故郷フローリンで、あまりに荒れ放題となった自宅を目にして呆然とした。借り主はまるで家をニワトリ小屋にでもしていたかのように汚していた。庭の池には無数のビールの空きビンが沈んでいた。イチゴ畑がほったらかしなのは仕方ないとしても、ブドウの木四〇〇〇本がトラクターで無惨になぎ倒されているのを見て、家族は声も出なかった。幸いなことに、退去収容時に預けておいた家具類は戻ってきたし、イタリア系の男からは冷蔵庫を返してもらった。

戦争が終わってもカリフォルニアでは、在郷軍人会などが日系人の西海岸への帰還に強行に反対した。そのためフローリンに戻ってきた日系人は元住民の四〇パーセントにとどまった。ちなみにジェロームに収容された者の誰一人としてアーカンソーに残った者はいない。フローリンの日系人はふたたびイチゴ栽培に携わったが、そこに戦前のような活気が戻ることはなかった。戦争による強制立ち退き収容は、かつてイチゴ出荷でにぎわっていた「日本人移民の町・不老林」を地上から消し去ってしまったかのようだった。

それでも栗間たちは一九四六年フローリン体育会の野球チームを再建した。四八年、北加二世野球連盟（Northern California Nisei Baseball League, NCNBL）が結成され、ハーブ栗間監督のフローリン体育会はこのリーグ（連盟）の北加ディビジョン優勝を手にした。しかしリーグ優勝決定シリーズでは湾東ディビジョンを制したラッセル日永のサンノゼ・ゼブラズに2タテ

（8－2、6－1）を食らい、リーグ制覇はならなかった。新しく加わった三世の選手がチームの練習に友人を連れてきてふざけているのを見たりすると栗間は強く叱った。三世は、監督は厳し過ぎると不満をぶつけたが、栗間にとって野球は遊びではなかった。そんなこともあり、四八年のディビジョン優勝を機に栗間は監督から手を引いた。翌四九年にフローリン体育会はディビジョン優勝についで、戦後初のリーグ優勝を飾ったものの、フローリンの日系人野球はここで終わった。

フローリンに残っていた弟アーニーも終戦の翌年、兄弟のいるニューヨークに向かった。ハーブ栗間の戦後は両親との三人暮らしで始まった。先行き不安なイチゴ栽培に見切りをつけ、一九六八年にはオクシデンタル保険会社のセールス業に転じた。その六年後、両親が相次いで亡くなった。一人になった栗間はイチゴ畑を売り払い、サクラメント市内に移り住んだ。

日系人に関する戦後の動きでは、「帰化不能外国人」とされていた一世がアメリカ市民権を獲得できる移民帰化法が一九五二年に制定された。五六年にはカリフォルニア州で一世の土地所有を禁じていた外国人土地法が撤廃されるなどようやく日系人の人権問題解決の端緒が開けた。

わたしが出会った頃の栗間は強制退去収容から半世紀が過ぎ、八〇歳近くになっていた。

かつてイチゴ畑が広がっていたフローリン一帯を案内するハーブ栗間　倉庫が並び，イチゴ畑はどこにも見られない　1991年著者撮影

「ここでもたくさん死ぬのよ。葬式がいつもある。こないだも一九三五、六年頃、一緒にイチゴ働いた人が死んだ」。それでも毎朝、嘱託として勤める保険代理店に出かけた。その理由を、「ソーシャルセキュリティ（年金）が少ないからまだ働かないと」と話した。オフィスに着き、デスクでコーヒーを飲みながらその日の新聞を開くのが日課となっていた。仕事を終えて独り住まいの自宅に帰ると、ポーチに集まるノラ猫にエサをやる。その数が栗間を訪ねるごとに増えて、最後は六匹になっていた。体調も思わしくない。血圧も高くなり、塩分を控えるために自分で夕食の支度をしていた。暗くなると目が見えにくいと言って車の運転はあきらめ、モスグリーンのキャデラックは自宅前の路上に置きっぱなしになっていた。

栗間は野球と関わってきた人生を心底よかったと思っている。収容所での野球を思い返すと、生まれ故郷から強引に引き離され、収容所に入れられたという事実こそ消し去ることはできないが、そこでの野球はそれなりに楽しかったと言う。真珠湾攻撃の年に交通事故で、いったんは医師から見放されるほどの重傷を負いながら、見事にカムバックし、フレズノとジェロームで投げまくった。ちょうど栗間が三〇歳を迎えたばかりの精神的にも肉体的にももっとも充実した時期だった。

フローリン体育会は第二次大戦中のフレズノ仮収容所、ジェローム収容所の両リーグ制覇を圧倒的な強さで成し遂げた。対戦相手が近隣の日系二世チームにほぼ限られていた戦前とは違い、ジェローム・オールスターズの対戦相手はハワイの強豪一〇〇大隊や四四二連隊、白人大学チームへと広がりを見せ、いずれも負かすことができた。栗間たちには、開戦前のカリフォルニアでは経験できなかった一段レベルの高い野球をやってきたという自負もある。皮肉なことではあるが、収容所という人種隔離された空間にいながら、戦争前の閉塞感に包まれた日系人野球の枠から飛び出て世界が広がり、野球キャリアの充実期を送ったのだった。収容所の野球が二世野球の最高峰に到達したとも評価されている。こう実感するのは栗間ばかりではない。「ほかのフローリン体育会のベテランたちにとっても、収容所のシーズンがかれらの野球の最高の日々だった。見物人はどの試合も数千人を数えた。収容所ではほかに日系人を楽しませてくれるものはほとんどなかった」（『サクラメント・ビー』八九年五月一八日）。

戦争前の一九二〇年代、三〇年代は日系二世野球が全盛期を迎えていた。立ち退きを強制され、収容所に入れられ、コミュニティが破壊されても二世たちは野球をあきらめなかった。栗間は言う。「自分のピッチング成績は知らない。ただ、勝ち数が大幅に負けを上回っているはず」。フローリン体育会の勝率は六割を超えていた、と。

栗間はとくに第一〇〇歩兵大隊のことになると昨日のことのように繰り返し語った。「白人ばかりのアーカンソー農工大や日系四四二連隊など、いくつか来たけど、一番強かったのが一〇〇大隊ですよ」

戦前のカリフォルニアでは野球シーズンの一番いい時にイチゴにチャンスを奪われた。北カリフォルニアの日系球界の恒例リーグにも入れなかった。一九三七年には日本行きを誘われた。しかし、イチゴ畑から離れるわけにはいかなかった。ジェロームではじめてイチゴから解放され、仕事にしばられることなく、毎試合数千人の大観衆の見守る中で熱い応援を背中にひしひしと感じながら投げまくった。あれほど野球に没頭できた日々は、そのときが最初で最後だった。野球観戦が収容された日系人、とくに親世代の一世たちにとって心の支えになっていたことにも確かな手応えを感じていた。

アメリカでは第二次大戦中、大リーグとマイナーリーグは多くの選手が軍隊に入り選手不足など大きな苦境にあったが、途切れることなくペナントレースを展開した。それは、一九四二年一月一五日、ローズベルト大統領が大リーグのコミッショナーに宛てた手紙で、野球の続行は国民の士気の維持に貢献するという強い意思を表明したからである。「グリーンライト（青信号）の手紙」と言われるものだ。戦時に野球を中断させなかったのは日系二世野球も同じである。西海岸の日系野球人は収容所に送り込まれたのちも、戦前からのカリフォルニアの二世野球人脈を断ち切ることなく、収容所野球をしぶとく支えていたことがわかる。大リーグ野球も日系人野球も戦中を生きる人々の心の支えとなったという点では、同じ役割を果たしていたのである。

大戦後の長い間、収容所での野球が公に語られることはなかった。その理由を栗間は、不当に強制退去収容された被害者であるはずの日系人が実は、「鉄条網の中でベースボールをやって楽しんでいたなどと白人に知られたくなかったからだろう」と話す。一世と二世は収容所体験を過酷で屈辱的な体験と捉え、それについて口を閉ざしてきたが、一九七〇年以来、公民権運動の高まりの中で、日系三世からの押し上げもあり、ＪＡＣＬ（日系市民協会）などは、日系人強制立ち退きと収容という不当な人権侵害に対するアメリカ政府の責任を粘り強く追及していたこととも無関係ではなかったはずだ。

一九八〇年には連邦下院に戦時転住および抑留に関する委員会（Commission on Wartime Relocation and Internment of Civilians）が設置され、収容経験者約七五〇人が公聴会で証言した。一九八二年の大統領諮問委員会（Presidential Commission）は、日系人の強制排除収容という誤りを犯した原因を、人種的偏見（racial prejudice）、戦時の病的興奮（war hysteria）、誤った政治的リーダーシップ（a failure of political leadership）と結論づけた。一九八八年八月一〇日、ロナルド・レーガン大統領が「市民自由法」(Civil Liberties Act of 1988)に署名し、日系アメリカ人の市民としての基本的自由と憲法で保障された権利を侵害した事実をアメリカ政府として公式に謝罪し、補償問題にも終止符が打たれた。被収容者のうち生存者またはその遺族八万二二一九人に補償金が支払われ、ハーブ栗間にも一九九一年一〇月、その二万ドルが届いた。

フローリンは今では大きく発展したカリフォルニア州都サクラメント市にすっかり呑み込まれてしまった。栗間が父親から引き継いだイチゴ畑のあった一帯は低層倉庫が立ち並ぶ新興開発地に姿を変えてしまっている。周囲を見渡してもイチゴ畑などどこにも見当たらない。

戦争さえなければ、栗間とフローリンのイチゴは成功の道を歩んでいたかもしれない。栗間の人生に「もし」があればの話だが、一九三七年に誘われた日本遠征二世チーム「アラメダ児野オールスターズ」に参加できていれば、フランク山田やキヨ野上のように、誕生間もない日本のプロ野球で一花咲かせられたかもしれない。両親の祖国で、しかもプロ野球でプレーできていたら、また別の野球人生が開けていたかもしれない。しかし、長男の役割と義務を一身に背負った二世にとって年老いた両親の世話は何よりも優先した。イチゴ畑を棄てることなどできるはずがなかった。

夜、一人自宅の居間でテレビをつけながら、几帳面に整理された三冊のアルバムを取り出しては、アーカンソーで燃えたあの頃に思いを馳せる。——自分が〝プロ野球選手〟だったあの輝いていた一瞬に。

わたしがサクラメントでハーブ栗間と最後に会ったときには、すでにガンを深く患っていた。いつも栗間と待ち合わせた「和歌の浦」はすでに店を閉じていた。別の日本食レストランでテーブルを挟んだとき、栗間は遠くを見つめるように、〝I had a good life〟と何度も言ったが、その言葉はまるで自分を納得させているようにも聞こえた。

二〇〇六年二月二〇日、日系二世投手ハーバート・ムーン・栗間盛雄、死去。九三歳だった。

エピローグ

第二次大戦中の大統領令に基づく日系人の強制退去収容体験については、第二章に記したように一九八〇年代はじめ東部フィラデルフィアで知り合った日系二世ノブ三好からよく聞いていた。三好も強制立ち退き収容を巡る下院公聴会で証言台に立った一人である。ハワイとアメリカ西海岸における日系人野球史を八〇年代半ばから調べ始めたが、知られざる事実が多い。とりわけ「真珠湾」以降、「敵性」とされた日系人二世たちの野球は取り組まなければならないテーマであると思った。

日系人野球史を探る中での二世とのインタビューでは、英語か日本語、話し手が自由に表現できる言葉で語ってもらうことにしている。だが、苦労して英語でインタビューしたあと、雑談になるとこちらが舌を巻くほどうまい日本語を話しだす二世に啞然としたこともあった。ハーブ栗間の場合は、はじめからほぼ日本語だけで通した。二世が話す日本語には「ユー」とか「ミー」が使われると思われているかもしれないが、そうではないことの方が多い。栗間は自分のことを「ぼく」「自分」「わし」、筆者のわたしには「あんた」を使った。実に達者、かつ「です・ます調」のきちんとした日本語だった。一度も日本を訪れたことがないのに、流暢な日本語をしゃべるのを聞くとフローリンという日本人移民の町の暮らしぶりが目に浮かんでくるようだった。

多くの日系二世をハワイとアメリカ本土の各地に訪ねインタビューを重ねたが、誰もが「昔の日本人」だからかもしれないが不思議とわたしの気持ちを落ち着かせてくれた。栗間とはとくに馬が合った。しかし、シャイでおしゃれな栗間は、わたしに対しても礼儀正しい態度を一度も崩さなかった。サクラメントを訪れるときは、事前に日時を連絡すると、わたしが来るのを待ちかねていたとばかりに、いつも温かく迎えてくれた。「あんたがこっちにおったらいいんだが」とよく言ってくれた。アメリカのあちこちを旅行しているときは、旅先からサクラメントの栗間に電話をかけて長々と話し込んだこともあった。「おお、そうか」が栗間の電話でのいつもの相づちだった。栗間自身も、とくにロサンゼルスのリトル東京で日本の気分に浸るのが大好きで、ときどき息抜きに出かけていた。

ただひとつ困ったことがあった。一九八九年にハーブ栗間にはじめて会い、彼が戦時収容所で野球をやっていたと知ったときから、その話を一言も聞き漏らさないつもりで時間をかけて向き合ってきた。どんな質問をしても記憶の中から答えを引き出してくれた。アルバムの写真も進んで提供してくれた。しかしどれほど親しくなっても、栗間はテープレコーダー等で自分の声が録音されるのを嫌がった。それならばと、食事中にスキを見て紙ナプキンにメモをとっていると、「何してる！」と怒られる。「何書いとるんか！」と広島弁が飛んでくる。書き止めることもさせなかった。ホテルに戻ってドアを閉めるなり、すぐにその日の会話を忘れないうちにノートに記すのに必死だった。そのため、栗間の言葉が標準語になってしまったところがある。二世でこれだけ自然体で日本語をしゃべるのに、記録されるのを嫌がるのは何故なんだろうといつも不思議に思った。

ハーブ栗間は本音のところプロ野球に行きたかったのだ、そう思う。大リーグは念頭になくても、地元マイナーリーグや日本のプロ野球ならやっていく自信もあっただろう。その気持ちには切々たるものを感じた。その夢の前に立ちはだかったものは、イチゴ畑であり、両親であり、差別であった。戦時収容所ではそれが取り払われ、好きなだけ野球に打ち込めた。プロ野球を強く意識する栗間にとって、ハワイからの一〇〇大隊チームは願ってもない「プロ」の対戦チームだったのである。

もちろん栗間が話してくれたのは野球のことばかりではなかった。戦争前の西海岸の日本人移民の暮らしぶり、たとえば、日本人町フローリンの正月やお盆、日系コミュニティ挙げてのピクニックなど若者にとってどんなに楽しみだったかを話してくれた。イチゴ生産農家や出荷作業の苦労話も聞いた。戦後、収容所から戻ってきたら、サクラメント市の大通りブロードウェイ沿いに「タワーレコード」が誕生していたこと。その近くにあるサンフランシスコ・シールズで四番を打ったジョー・マーティの経営するレストラン・バー「マーティズ」にはいつも顔を出していたこと。レフティ・オドールとは顔を合わせれば必ず挨拶を交わす間柄だったことも。オドールは誰もが知るように、戦前から日本との野球交流に尽力し、「野球親善大使」と呼ばれていた。そうした思い出話から当時、プロ野球人とアマチュア野球人の間には垣根がないアメリカ野球を感じとることもできた。

一九六四年にマッシー村上がサンフランシスコ・ジャイアンツでジャパニーズ初の大リーガーとなったのは栗間にとっても歓迎すべきビッグニュースだった。ところが日系人による村上の激励パーティーにサンフランシスコの日航ホテルまで出かけたが、そのときの村上は栗間が期待したほどにはフレンドリーではなかったと、ボソッと語ってくれた。

一九六〇、七〇年代には、レストラン「和歌の浦」を営む二世の友人たちと連れ立ってサンフランシスコまでちょくちょく繰り出していたそうだ。そこでのお目当ては日本人町にあったピアノバーだ。親孝行で働き者で独身だった栗間にとってはおそらく女性と話をする唯一の機会だったのかもしれない。帰りは深夜、みんなで大騒ぎしながらサクラメントまで酔っぱらい運転で戻ってきたらしい。栗間はピアノバーで録音した演奏テープを何本も大切に保管していて、わたしに有無を言わせず聴かせてくれたが、こちらはもう三本目でついにギブアップさせてもらった。

強制立ち退き収容の謝罪賠償問題に決着がつき、一九九〇年代半ばには日系二世の野球にも光が当てられるようになった。九九年一一月、東京・後楽園の野球体育博物館（現・野球殿堂博物館）で日系二世野球史展「荒野のダイヤモンド～野球と日系アメリカ人～」（Diamonds in the Rough）が開催された。東京の前に、サンフランシスコ、フェニックス、クーパーズタウン、ポートランドなど全米各地を巡回してきた展示だった。東京開催に合わせて、七〇、八〇歳代になった日系二世の元選手が多数来日した。わたしも栗間と東京で会えるのを楽しみにしていた。しかしその中に栗間の姿はなかった。体調が悪いから参加できないとの手紙をもらっていたのだが、のちにサクラメントを訪れたとき、実際は旅費が工面できなかったことを打ち明けられた。日本の土を踏む最初で最後のチャンスだったのに、どれだけ悲しく悔しかったことか。

二〇〇三年シーズン開幕を前にした三月二九日は栗間の野球人生最期のハイライトのはずだった。地元サクラメントのマイナーリーグ球場ラリー・フィールドで、シアトル・マリナーズ対テキサス・レンジャーズの大リーグオープン戦が行われた。その始球式に九〇歳の栗間が指名された。地元紙は、野球帽姿でマウンドに立つ栗間の写真を掲載した。これが晴れ舞台になるはずだったが、本人はガッカリしたという。「誰もぼくのところに来ないのよ、三人もおるのに」。シアトルにはこの年、長谷川滋利、佐々木一浩、イチローの日本人三選手がプレーしていたが、始球式に登板した日系二世投手の元に寄ってきて話しかけたり、握手を求めたりする者はいなかったという。

栗間は野球人であったが、大リーグやマイナーリーグに足跡を残した選手ではない。本書は栗間を大選手として取り上げたわけでは決してない。日系移民が「敵性外国人」として排斥されるという困難な時期に、一人の日系二世がアメリカの代表的スポーツ「ベースボール」とともに生き抜いてきた話である。

ハーブ栗間（左）と著者　サクラメント市のバー＆レストラン「ジョー・マーティズ」で
1998年6月30日

日系人の強制立ち退き収容から七五年が過ぎ去った今では、ジェローム収容所でグラウンドを駆け回った選手たちの多くはすでに他界している。本文でも触れたが、ホノルルの「一〇〇大隊クラブ」は、今では日系部隊の歴史を伝える教育センターの役割を担っている。一九八九年に訪れたときには、元兵士たちの声がホールいっぱいに響いていた。そのハワイ訪問でインタビューした元一〇〇大隊野球チーム「アロハ」のジェームズ・ラベル監督と四人の選手も二〇〇〇～二〇一三年に八二～九四歳で亡くなった。

ハーブ栗間と戦時収容所野球のリサーチを始めてからもう四半世紀が過ぎてしまった。その間、ＳＡＢＲ（アメリカ野球学会）の東京支部研究会で本書の内容の一部を発表したことはあったが、諸事情から活字にすることができなかった。そのため胸の内には重苦しいインコンプリートの宿題を抱えていた。二〇一五年晩夏、長年念願としていたアーカンソー州ジェローム

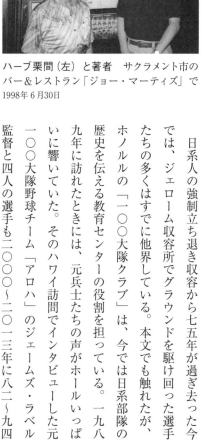

収容所跡地を訪問したことが、原稿完成への弾みとなった。今から七〇年以上もの前の話を元選手たちから聞き取り、当時の新聞記事と照らし合わせるだけでは収容所で苦労した日系人の野球を再現することにはならない。刑事ドラマでよく「現場一〇〇回」と言われるように、そこに行ってはじめてわかったことも多い。どんなところで野球をやっていたのか、日系人が地元の人たちにどう思われていたのかは当地の人に話を聞き、地元紙を繰ることからしか伝わってこない。そのことを実感した旅だった。

栗間をはじめ、ジェロームで一戦を交えたハワイ出身の一〇〇大隊選手の存命中に本書を出版できなかったことは悔いても悔やみきれない。せめて本書の出版により、戦時中、日系人収容所で、米軍基地で青春を取り戻したかのように野球と本気で向きあったアメリカ本土とハワイの二世選手たちの姿を、今の野球ファンに想い描いていただけたら幸いである。

あとがき

本書は、ハーブ栗間さんのほかにも多くの方々のご協力がなければ、出版まで漕ぎ着けることはできなかった。まず、インタビューに答えてくださった方々のお名前（敬称を略す）を記し、感謝の言葉に代えたい。

Akira Akimoto　一九八九年一一月一六日
William S. Kagawa〈電話〉　一九九一年九月八日
Wataru Kaneshina　一九八九年一一月二一日
Dick B. Kashiwaeda　一九八六年一〇月二四日
Harold K. Kometani　一九八九年一一月二九日
James Lovell　一九八九年一一月一六日
Sadashi Matsunami　一九八九年一一月一六日
George K. Matsuura　一九八九年一一月二四日など

Tsuneo Omiya　一九八六年一一月一六日
"Lefty"Seiji Tanigawa　一九八九年一一月一六日
Min Watanabe　一九九一年四月二七日など
George Ryoji Yamada　一九八九年一一月二五日
Ted Shotaro Yamada　一九八九年一一月二五日
Kiyoko Zenimura〈電話〉　一九八九年一一月二五日
亀田重雄　一九八九年三月二日
亀田俊雄　一九八九年二月七日など
野上清光　一九八九年九月八日
村上実　一九八九年三月一五日

そのほかにつぎの方々にアシストをいただいた（敬称を略す）。Bill Hosokawa, Ted G. Hotta, Kenji Kawaguchi, Walter W. Matsuura, Nobu Miyoshi, Genevieve K. Moriguchi, Shichiro Moriguchi, Paul Nagamoto, Seizo Oka, Lillian S. Ota, Theodore Y. Ozawa, Henry Takeda, Sally Takeda, Flora Suzuki, Tadao Tamaru, Lou Tsunekawa, Mary Yamada, Beans H. Yamamoto, 藤村哲郎、首藤宗喜、

100大隊旗と100大隊ベテランズ・クラブ会長ロイド・T・キタオカ　2017年6月26日ホノルルの100th Infantry Battalion Veterans Education Centerで

山下廣行。

二〇一七年六月にホノルルの一〇〇大隊クラブを再訪し、Lloyd T. Kitaoka 会長、元兵士 Albert Momoto Matsumoto さんと Jayne Hirata さんにお世話になった。あらためてお礼を申し上げたい。

各図書館のライブラリアンと博物館のキュレーターのみなさんにご協力をいただいた。とくにアーカンソーでのリサーチでは、WW II Japanese American Internment Museum at McGehee の Susan Gallion, Taylor Library at the University of Arkansas, Monticello の Mary Heady, Mullins Library at the University of Arkansas, Fayetteville の Geoffery Stark の三氏にお世話になった。その他の方々のお名前は挙げないが、お礼を申し上げる。

つぎの図書館の資料も使用した。

California State Library, Charles E. Young Research Library at the University of California, Los Angeles, Hamilton Library at the University of Hawai'i, Manoa, McGehee Publishing Company, Suzzallo Library at the University of Washington, 100th Infantry Battalion Veterans Education Center, 国立国会図書館、野球殿堂博物館。

各収容所で発行された新聞は、サンフランシスコの日本町にかつてあったJapanese American History Archivesを利用したが、Densho Digital Repository（ddr.densho.org）のおかげで詳細なリサーチが可能となった。これなくしては、収容所野球の全貌をとらえるには何倍もの困難がともなっただろう。

SABR（アメリカ野球学会）の友人たち、John B. Holway, Harrington "Kit" Crissey, Jr., Ralph M. Pearce, Robert K. Fitts, 羽生孝雄の諸氏が何十年と変わらず応援してくださった。また、ジミー堀尾の長男James I. Horioさんも嬉しいことにエールを送ってくださった。みなさんに心より感謝申し上げる。

一九八三年にSABR元会長Kit Crisseyさん（米軍野球研究者）から、第二次大戦中に日系二世選手が活躍したハワイのセミプロ野球リーグの話を聞いていたが、時間の余裕がなく調査に踏み切れないでいた。八六年にロナルド・タカキ著（富田虎男・白井洋子訳）『パウ・ハナ　ハワイ移民の社会史』（刀水書房、一九八六年）に出合ったことがハワイ・アメリカ本土の日系人野球史を調べるきっかけとなった。同書には、一九〇九年の大規模ストライキのあと、砂糖プランテーションのオーナーたちが、労務対策として移民労働者向けのレクリエーション・プログラムを拡大する必要性を認めたとの記述がある。「スポーツ、とくに野球が奨励されるべきだ。整備の行き届いた、芝のある野球のグラウンドを各プランテーションが設置して、どの国からやってきた労働者でも熱中できるこのスポーツを奨励するために、勝利チームには賞を与えたらよい」。これを知ってハワイに飛んで行ったのがすべてのはじまりだった。今回、タカキ著『パウ・ハナ』と同じ出版社、刀水書房から本書が世に出ることはこの上ない喜びである。故人となられた刀水書房社長桑原迪也さんと野球史書の出版を約束していたが、現社長の中村文江さんがその意思を継いでくださった。深く感謝の意を表したい。また丹念に校正してくださった福山悦子さんにも厚くお礼を申し上げる。

《著者紹介》

永 田 陽 一（ながた　よういち）

1950年福岡生まれ。大阪大学法学部卒業。ペンシルベニア大学大学院国際関係論専攻 MA。SABR（アメリカ野球学会），野球文化學會会員
主著：『ベースボールの社会史　ジミー堀尾と日米野球』東方出版，1994年。『東京ジャイアンツ北米大陸遠征記』東方出版，2007年（野球文化學會制定 野球出版報道文化賞）。野球百科 *Total Baseball*（1989～2004年）に “Japanese Baseball” を John B. Holway と共同執筆

人名索引

主要参考文献

☆日系人収容所の新聞

Denson Communique, Denson Tribune, Fresno Grapevine, Gila News-Courier, Granada Bulletin, Granada Pioneer, Rohwer Outpost

☆アメリカ本土・ハワイの新聞

Honolulu Advertiser, Honolulu Star-Bulletin, McGehee Times, Pacific Citizen, Sacramento Bee

『桜府日報』,『新世界朝日新聞』,『大北日報』,『日米』,『日米時事』,『日布時事』,『布哇報知』,『ユタ日報』,『羅府新報』

☆日本の新聞

『東京朝日新聞』,『東京日日新聞』,『二六新報』,『満洲日日新聞』,『満洲新聞』,『読売新聞』, *Japan Advertiser, Japan Times and Mail*

☆英語文献

The Album: 442nd Combat Team, 1943.

Anderson, William Cary. "Early Reaction in Arkansas to the Relocation of Japanese in the State," *Arkansas Historical Quarterly* 23-3 (Autumn 1964): 195-211.

Commission on Wartime Relocation and Internment of Civilians. *Personal Justice Denied: Report of the Commission on Wartime Relocation and Internment of Civilians*. Seattle: University of Washington Press, 1997.

Crissey, Harrington E., Jr. "Baseball and the Armed Services," *Total Baseball* (second edition) edited by John Thorn and Pete Palmer. New York: Warner Books, 1991. 608-615.

Holley, Donald. "Jerome Relocation Center: Japanese-Americans in Drew County, 1942-1944," *Drew County Historical Journal* 18(2003): 4-20.

Horn, Deborah. "Jerome-Rohwer Interpretive Internment Museum," *Sea Life* (June 2013): 36-38.

Howard, John. *Concentration Camps on the Home Front: Japanese Americans*

in the House of Jim Crow. Chicago: University of Chicago Press, 2008.
"Japanese-American Baseball Leagues Fuel Dreams and Community Pride," *Christian Science Monitor* (May 6, 1997).
Johnson, Lloyd and Miles Wolf. *The Encyclopedia of Minor League Baseball* (second edition). Durham, NC: Baseball America, 1997.
Murphy, Thomas D. *Ambassadors in Arms: The Story of Hawaii's 100th Battalion*. Honolulu: University of Hawaii Press, 1954.
Nagata, Yoichi. "The Pride of Lil' Tokio: The Los Angeles Nippons Baseball Club, 1926-1941," *More Than a Game: Sport in Japanese American Community*, edited by Brian Niiya. Los Angeles: Japanese American National Museum, 2000. 100-109, 218.
Nakagawa, Kerry Yo. *Japanese American Baseball in California*. History Press, 2014.
Pearce, Ralph M. *From Asahi to Zebras: Japanese American Baseball in San Jose, California*. San Jose: Japanese American Museum of San Jose, 2005.
Reid, Dixie. "A Passion for Baseball: Florin Old-timers Recall the Plays of Yesteryear." *Sacramento Bee* (May 18, 1989). Section C, 1 & 3.
Shibazaki, Ryoichi. "Seattle and the Japanese-United States Baseball Connection, 1905-1926." MS thesis, University of Washington, 1981.
Sons & Daughters of the 100th Infantry Battalion. *Remembrances: 100th Infantry Battalion 50th Anniversary Celebration 1942-1992* (revised edition). Honolulu: Sons & Daughters of the 100th Infantry Battalion, May 1997.
Staples, Bill, Jr. *Kenichi Zenimura: Japanese American Baseball Pioneer*. Jefferson, NC: McFarland, 2011.
Walsh-Ashcraft, Kathlyn. "The View from Within the Gates: An Inside View of Life in the Japanese Relocation Camps of Jerome and Rohwer." *Drew County Historical Journal* 29 (2014): 18-25.

☆日本語文献

荒了寛『ハワイ日系米兵　私たちは何と戦ったのか？』平凡社，1995年

池井優『ハロースタンカ，元気かい』創隆社，1983年
移民研究会編『戦争と日本人移民』東洋書林，1997年
バリー佐伯，田村紀雄，白水繁彦「在米日系新聞の発達史研究（２）アメリカ戦時収容所の新聞―「エル・ウォーキン」と「アウトポスト」―」『東京経済大学人文自然科学論集』62（1982年12月）175～208頁
島田法子『戦争と移民の社会史　ハワイ日系アメリカ人の太平洋戦争』現代史料出版，2004年
ロナルド・タカキ（富田虎男，白井洋子訳）『パウ・ハナ　ハワイ移民の社会史』刀水書房，1986年
高村宏子『北米マイノリティと市民権』ミネルヴァ書房，2009年
田丸忠雄『ハワイに報道の自由はなかった』毎日新聞社，1978年
土屋ふで，岡田滋雄『アメリカ百年桜　土屋家一世物語』1981年
ドウス昌代『ブリエアの解放者たち』文藝春秋，1983年
永田陽一『ベースボールの社会史　ジミー堀尾と日米野球』東方出版，1994年
―――『東京ジャイアンツ北米大陸遠征記』東方出版，2007年
ビル・ホソカワ（井上勇訳）『二世　このおとなしいアメリカ人』時事通信社，1971年
山倉明弘『市民的自由　アメリカ日系人戦時強制収容のリーガル・ヒストリー』彩流社，2011年
鷲津尺魔『在米日本人史観』羅府新報社，1930年
その他に，『アサヒ・スポーツ』，『野球界』を参考にした

☆テレビ番組
BS1スペシャル「失われた大隊を救出せよ～米国日系人部隊“英雄”たちの真実」2017年３月26日（１時間50分）　NHK－BS1

〈歴史・民族・文明〉

刀水歴史全書　94

日系人戦時収容所のベースボール

ハーブ栗間の輝いた日々

2018年３月４日　初版１刷印刷
2018年３月16日　初版１刷発行

著　者　永田陽一
発行者　中村文江
発行所　株式会社　刀水書房
〒101-0065　東京都千代田区西神田2－4－1　東方学会本館
電話 03-3261-6190　FAX 3261-2234　振替00110-9-75805
印刷　亜細亜印刷株式会社
製本　株式会社ブロケード

 ISBN 978-4-88708-439-1 C0375

刀水歴史全書 —歴史・民族・文明—

四六上製　平均300頁　随時刊　（価格は税別）

樺山紘一

1 **カタロニアへの眼**（新装版）

歴史・社会・文化

1979,2005(新装版)　000-X　四六上製　289頁＋口絵12頁　¥2300

西洋の辺境，文明の十字路カタロニアはいかに内戦を闘い，なぜピカソら美の巨人を輩出したか。カタロニア語を習い，バルセロナに住んで調査研究した歴史家によるカタロニア文明論

R.C.リチャードソン／今井　宏訳

2 **イギリス革命論争史**

1979　001-8　四六上製　353頁　¥2200

市民革命とは何であったか？　同時代人の主張から左翼の論客，現代の冷静な視線まで，革命研究はそれぞれの時代,立場を反映する。論者の心情をも汲んで著された類書のない学説史

山崎元一

3 **インド社会と新仏教**

アンベードカルの人と思想〔付〕カースト制度と不可触民制

1979　＊002-7　四六上製　275頁　¥2200

ガンディーに対立してヒンドゥーの差別と闘い，インドに仏教を復興した不可触民出身の政治家の生涯。日本のアンベードカル研究の原典であり，インドの差別研究のほとんど最初の一冊

G.バラクロウ編／木村尚三郎解説・宮島直機訳

4 **新しいヨーロッパ像の試み**

中世における東欧と西欧

1979　003-4　四六上製　258頁　¥2330

最新の中世史・東欧史の研究成果を背景に，ヨーロッパの直面する文明的危機に警鐘を鳴らした文明史家の広ヨーロッパ論。現代のヨーロッパの統一的傾向を最も早く洞察した名著。図版127点

W.ルイス，村上直次郎編／富田虎男訳訂

5 **マクドナルド「日本回想記」**

[再訂版]　インディアンの見た幕末の日本

1979　＊005-8　四六上製　313頁　¥2200

日本をインディアンの母国と信じて密航した青年の日本観察記。混血青年を優しくあたたかく遇した幕末の日本と日本人の美質を評価。また幕末最初の英語教師として評価されて，高校英語教科書にものっている

J.スペイン／勝藤　猛・中川　弘訳

6 **シルクロードの謎の民**

パターン民族誌

1980　006-9　四六上製　306頁　¥2200

文明を拒否して部族の掟に生き，中央アジア国境地帯を自由に往来するアフガン・ゲリラの主体パターン人，かつてはイギリスを，近くはロシアを退けた反文明の遊牧民。その唯一のドキュメンタルな記録

B.A.トゥゴルコフ／加藤九祚解説・斎藤晨二訳

7 **トナカイに乗った狩人たち**

北方ツングース民族誌

1981　024-7　四六上製　253頁　¥2233

広大なシベリアのタイガを漂泊するエベンキ族の生態。衣食住，狩猟・遊牧生活から家族，氏族，原始文字，暦，シャーマン，宇宙観まで。ロシア少数民族の運命

G.サルガードー／松村　赳訳

8 **エリザベス朝の裏社会**

1985　060-3　四六上製　338頁　¥2500

シェイクスピアの戯曲や当時のパンフレット“イカサマ読物”“浮浪者文学”による華麗な宮廷文化の時代の裏面。スリ・盗賊・ペテン師などの活躍する新興の大都会の猥雑な現実

P.F.シュガー,I.J.レデラー 編／東欧史研究会訳

9 **東欧のナショナリズム**
歴史と現在
1981　025-5　四六上製　578頁　¥4800

東欧諸民族と諸国家の成立と現在を，19世紀の反トルコ・反ドイツ・反ロシアの具体的な史実と意識のうえに捉え，東欧紛争の現在の根源と今後の世界のナショナリズム研究に指針を与える大著

R.H.C.デーヴィス／柴田忠作訳

10 **ノルマン人**　［品切］
その文明学的考察
1981　027-1　四六上製　199頁　¥2233

ヨーロッパ中世に大きな足跡をのこしたヴァイキングの実像を文明史的に再評価し，ヨーロッパの新しい中世史を構築する第一人者の論究。ノルマン人史の概説として最適。図版70余点

中村寅一

11 **村の生活の記録**　（下）［品切］
(上)上伊那の江戸時代 (下)上伊那の明治・大正・昭和
1981　028-X　029-8　四六上製　195頁,310頁　¥1845 ¥1800

村の中から村を描く。柳田・折口体験をへて有賀喜左衛門らとともに，民俗・歴史・社会学を総合した地域史をめざした信州伊那谷の先覚者の業績。中央に追従することなく，地域史として独立し得た数少ない例の一つ

岩本由輝

12 **きき書き六万石の職人衆**
相馬の社会史
1980　010-7　四六上製　252頁　¥1800

相馬に生き残った100種の職人の聞き書き。歴史家と職人の心の交流から生れた明治・大正・昭和の社会史。旅職人から産婆，ほとんど他に見られない諸職が特に貴重

13 **（缺番）**

田中圭一

14 **天領佐渡**　（1）［品切］
(1)(2)村の江戸時代史 上・下 (3)島の幕末
1985　061-1,062-X,063-8 四六上製 (1)275頁 (2) 277頁 (3) 280頁 (1)(2) ¥2000 (3)¥2330

戦国末〜維新のムラと村ビトを一次史料で具体的に追求し,天領の政治と村の構造に迫り,江戸〜明治の村社会と日本を発展的にとらえる。民衆の活躍する江戸時代史として評価され，新しい歴史学の方向を示す

岩本由輝

15 **もう一つの遠野物語**［追補版］
（付）柳田國男南洋委任統治資料六点
1994　＊130-7　四六上製　275頁　¥2200

水野葉舟・佐々木喜善によって書かれたもう一つの「遠野物語」の発見。柳田をめぐる人間関係,「遠野物語」執筆前後の事情から山人〜常民の柳田学の変容を探る。その後の柳田学批判の先端として功績は大きい

森田安一

16 **スイス**［三補版］
歴史から現代へ
1995　159-6　四六上製　304頁　¥2200

13世紀スイス盟約者団の成立から流血の歴史をたどり，理想の平和郷スイスの現実を分析して新しい歴史学の先駆と評価され，中世史家の現代史として，中世から現代スイスまでを一望のもとにとらえる

樺山紘一・賀集セリーナ・富永茂樹・鳴海邦碩

17 **アンデス高地都市**　［品切］
ラ・パスの肖像
1981　020-4　四六上製　図版多数　257頁　¥2800

ボリビアの首都ラ・パスに展開するスペイン，インディオ両文明の相克。歴史・建築・文化人類・社会学者の学際協力による報告。図版多数。若く多才な学者たちの協力の成功例の一つといわれる

A.ノーヴ/和田春樹・中井和夫訳 [品切]

18 **スターリンからブレジネフまで**

ソヴェト現代史

1983 043-3 四六上製 315頁 ¥2427

スターリン主義はいかに出現し，いかなる性格のものだったか？ 冷静で大胆な大局観をもつ第一人者による現代ソ連研究の基礎文献。ソ連崩壊よりはるか前に書かれていた先覚者の業績

19 （缺番）

増井經夫

20 **中国の歴史書**

中国史学史

1984 052-2 四六上製 298頁 ¥2500

内藤湖南以後誰も書かなかった中国史学史。尚書・左伝から梁啓超，清朝野史大観まで，古典と現代史学の蘊蓄を傾けて，中国の歴史意識に迫る。自由で闊達な理解で中国学の世界に新風を吹きこむ。ようやく評価が高い

G.P.ローウィック/西川 進訳

21 **日没から夜明けまで**

アメリカ黒人奴隷制の社会史

1986 064-6 四六上製 299頁 ¥2400

アメリカの黒人奴隷は,夜の秘密集会を持ち,祈り，歌い，逃亡を助け，人間の誇りを失わなかった。奴隷と奴隷制の常識をくつがえす新しい社会史。人間としての彼らを再評価するとともに，社会の構造自体を見なおすべき衝撃の書

山本 新著/神川正彦・吉澤五郎編

22 **周 辺 文 明 論**

欧化と土着

1985 066-2 四六上製 305頁 ¥2200

文明の伝播における様式論・価値論を根底に，ロシア・日本・インド・トルコなど非西洋の近代化＝欧化と反西洋＝土着の相克から現代の文明情況まで。日本文明学の先駆者の業績として忘れ得ない名著

小林多加士

23 **中国の文明と革命**

現代化の構造

1985 067-0 四六上製 274頁 ¥2200

万元戸，多国籍企業に象徴される中国現代の意味を文化大革命をへた中国の歴史意識の変革とマルキシズムの新展開に求める新中国史論

R.タカキ/富田虎男・白井洋子訳

24 **パ ウ ・ ハ ナ**

ハワイ移民の社会史

1986 071-9 四六上製 293頁 ¥2400

ハワイ王朝末期に，全世界から集められたプランテーション労働者が，人種差別を克服して，ハワイ文化形成にいたる道程。著者は日系3世で，少数民族・多文化主義研究の歴史家として評価が高い

原田淑人

25 **古代人の化粧と装身具**

1987 076-X 四六上製 図版180余点 227頁 ¥2200

東洋考古学の創始者，中国服飾史の開拓者による古代人の人間美の集成。エジプト・地中海，インド，中央アジアから中国・日本まで，正倉院御物に及ぶ美の伝播，唯一の概説書

E.ル・ロワ・ラデュリ/井上幸治・渡邊昌美・波木居純一訳

26 **モンタイユー**（上）（下）

ピレネーの村 1294～1324

(上)1990 (下)1991 ＊086-7 ＊125-3 四六上製 367頁 425頁 ¥2800 ¥3301

中世南仏の一寒村の異端審問文書から，当時の農村生活を人類学的手法で描き，75年発刊以来，社会史ブームをまきおこしたアナール派第3世代の代表作。ピレネー山中寒村の，50戸，200人の村人の生活と心性の精細な描写

ダヴ・ローネン／浦野起央・信夫隆司訳

27 **自決とは何か** ［品切］

ナショナリズムからエスニック紛争へ

1988 095-6 四六上製 318頁 ¥2800

自殺ではない。みずからを決定する自決。革命・反植民地・エスニック紛争など，近現代の激動を“自決 Self-determination への希求”で解く新たなる視角。人文・社会科学者の必読書

メアリ・プライア編著／三好洋子編訳

28 **結婚・受胎・労働** ［品切］

イギリス女性史1500～1800

1989 099-9 四六上製 270頁 ¥2500

イギリス女性史の画期的成果。結婚・再婚・出産・授乳，職業生活・日常生活，日記・著作。実証的な掘り起こし作業によって現れる普通の女性たちの生活の歴史

M.I.フィンレイ／柴田平三郎訳

29 **民主主義―古代と現代** ［品切］

1991 118-9 四六上製 199頁 ¥2816

古代ギリシア史の専門家が思想史として対比考察した古代・現代の民主主義。現代の形骸化した制度への正統なアカデミズムからの警鐘であり，民主主義の本質に迫る一書

木崎良平

30 **光太夫とラクスマン**

幕末日露交渉史の一側面

1992 134-0 四六上製 266頁 ¥2524

ひろく史料を探索して見出した光太夫とラクスマンの実像。「鎖国三百年史観」をうち破る新しい事実の発見が，日本の夜明けを告げる。実証史学によってはじめて可能な歴史の本当の姿の発見

青木 豊

31 **和鏡の文化史**

水鑑から魔鏡まで

1992 139-1 四六上製 図版300余点 305頁 ¥2500

水に顔を映す鏡の始まりから，その発達・変遷，鏡にまつわる信仰・民俗，十数年の蓄積による和鏡に関する知識体系化の試み。鏡に寄せた信仰と美の追求に人間の実像が現れる

Y.イチオカ／富田虎男・粂井輝子・篠田左多江訳

32 **一　　世**

黎明期アメリカ移民の物語り

1992 141-3 四六上製 283頁 ¥3301

人種差別と排日運動の嵐の中で，日本人留学生，労働者，売春婦はいかに生きたか。日系アメリカ人一世に関する初の本格的研究の始まり，その差別と苦悩と忍耐を見よ（著者は日系二世）

鄧 搏鵬／後藤均平訳

33 **越 南 義 烈 史**

抗仏独立運動の死の記録

1993 143-X 四六上製 230頁 ¥3301

19世紀後半，抗仏独立闘争に殉じたベトナムの志士たちの略伝・追悼文集。反植民地・民族独立思想の原点（1918年上海で秘密出版）。東遊運動で日本に渡った留学生200人は，やがて日本を追われ，各地で母国の独立運動を展開して敗れ，つぎつぎと斃れるその記録

D.ジョルジェヴィチ, S.フィシャー・ガラティ／佐原徹哉訳

34 **バルカン近代史**

ナショナリズムと革命

1994 153-7 四六上製 262頁 ¥2800

かつて世界の火薬庫といわれ，現在もエスニック紛争に明け暮れるバルカンを，異民族支配への抵抗と失敗する農民蜂起の連続ととらえる。現代は，過去の紛争の延長としてあり，一朝にして解決するようなものではない

C.メクゼーパー, E.シュラウト共編／瀬原義生監訳, 赤阪俊一・佐藤専次共訳

35 **ドイツ中世の日常生活**

騎士・農民・都市民

1995 ＊179-6 四六上製 205頁 ¥2800

ドイツ中世史家たちのたしかな目が多くの史料から読みとる新しい日常史。普通の“中世人”の日常と心性を描くが，おのずと重厚なドイツ史学の学風を見せて興味深い

神山四郎　［比較文明学叢書１］

36 **比較文明と歴史哲学**

1995　182-0　四六上製　257頁　￥2800

歴史哲学者による比較文明案内。歴史をタテに発展とみる旧来の見方に対し，ヨコに比較する多系文明の立場を推奨。ボシュエ，ヴィコ，イブン・ハルドゥーン，トインビーと文明学の流れを簡明に

神川正彦　［比較文明学叢書２］

37 **比較文明の方法**

新しい知のパラダイムを求めて

1995　184-7　四六上製　275頁　￥2800

地球規模の歴史的大変動の中で，トインビー以降ようやく高まる歴史と現代へのパースペクティヴ，新しい知の枠組み，学の体系化の試み。ニーチェ，ヴェーバー，シュペングラーを超えてトインビー，山本新にいたり，原理と方法を論じる

B.A.トゥゴルコフ／斎藤晨二訳

38 **オーロラの民**

ユカギール民族誌

1995　183-9　四六上製　220頁　￥2800

北東シベリアの少数民族人口1000人のユカギール人の歴史と文化。多数の資料と現地調査が明らかにするトナカイと犬ぞりの生活・信仰・言語。巻末に調査報告「ユカギール人の現在」

D.W.ローマックス／林　邦夫訳

39 **レコンキスタ**

中世スペインの国土回復運動

1996　180-4　四六上製　314頁　￥3300

克明に史実を追って，800年間にわたるイスラム教徒の支配からのイベリア半島奪還とばかりはいいきれない，レコンキスタの本格的通史。ユダヤ教徒をふくめ，三者の対立あるいは協力，複雑な800年の情勢に迫る

A.R.マイヤーズ／宮島直機訳

40 **中世ヨーロッパの身分制議会**

新しいヨーロッパ像の試み（2）

1996　186-3　四六上製　214頁　￥2800

各国の総合的・比較史的研究に基づき，身分制議会をカトリック圏固有のシステムととらえ，近代の人権思想もここから導かれるとする文化史的な画期的発見，その影響に注目が集まる。図写79点

M.ローランソン，J.E.シーヴァー／白井洋子訳

41 **インディアンに囚われた白人女性の物語**

1996　195-2　四六上製　274頁　￥2800

植民地時代アメリカの実話。捕虜となり生き残った２女性の見たインディアンの心と生活。牧師夫人の手記とインディアンの養女となった少女の生涯。しばしば不幸であった両者の関係を見なおすために

木崎良平

42 **仙台漂民とレザノフ**

幕末日露交渉史の一側面No.2

1997　198-7　四六上製　261頁　￥2800

日本人最初の世界一周と日露交渉。『環海異聞』などに現れる若宮丸の遭難と漂民16人の数奇な運命。彼らを伴って通商を迫ったロシア使節レザノフ。幕末日本の実相を歴史家が初めて追求した

U.イム・ホーフ／森田安一監訳，岩井隆夫・米原小百合・佐藤るみ子・黒澤隆文・踊共二共訳

43 **スイスの歴史**

1997　207-X　四六上製　308頁　￥2800

日本初の本格的スイス通史。ドイツ語圏でベストセラーを続ける好著の完訳。独・仏・伊のことばの壁をこえてバランスよくスイス社会と文化を追求，現在の政治情況に及ぶ

E.フリート／柴嵜雅子訳

44 **ナチスの陰の子ども時代**

あるユダヤ系ドイツ詩人の回想

1998　203-7　四六上製　215頁　￥2800

ナチスの迫害を逃れ，17歳の少年が単身ウィーンからロンドンに亡命する前後の数奇な体験を中心にした回想録。著者は戦後のドイツで著名なユダヤ系詩人で，本書が本邦初訳

今谷明・大濱徹也・尾形勇・樺山紘一・木畑洋一編

45 **20世紀の歴史家たち**

(1)日本編(上) (2)日本編(下) (5)日本編(続) (3)世界編(上) (4)世界編(下)

1997〜2006　四六上製　平均300頁　各￥2800

歴史家は20世紀をどう生きたか，歴史学はいかに展開したか。科学としての歴史学と人間としての歴史家，その生と知とを生々しく見つめようとする。書かれる歴史家と書く歴史家，それを読む読者と三者の生きた時代

日本編（上）　1997　211-8

1 徳富蘇峰（大濱徹也）
2 白鳥庫吉（窪添慶文）
3 鳥居龍蔵（中薗英助）
4 原勝郎（樺山紘一）
5 喜田貞吉（今谷　明）
6 三浦周行（今谷　明）
7 幸田成友（西垣晴次）
8 柳田國男（西垣晴次）
9 伊波普猷（高良倉吉）
10 今井登志喜（樺山紘一）
11 本庄栄治郎（今谷　明）
12 高群逸枝（栗原　弘）
13 平泉澄（今谷　明）
14 上原専祿（三木　亘）
15 野呂栄太郎（神田文人）
16 宮崎市定（礪波　護）
17 仁井田陞（尾形　勇）
18 大塚久雄（近藤和彦）
19 高橋幸八郎（遅塚忠躬）
20 石母田正（今谷　明）

日本編（下）　1999　212-6

1 久米邦武（田中　彰）
2 内藤湖南（礪波　護）
3 山路愛山（大濱徹也）
4 津田左右吉（大室幹雄）
5 朝河貫一（甚野尚志）
6 黒板勝美（石井　進）
7 福田徳三（今谷　明）
8 辻善之助（圭室文雄）
9 池内宏（武田幸男）
10 羽田亨（羽田　正）
11 村岡典嗣（玉懸博之）
12 田村栄太郎（芳賀　登）
13 山田盛太郎（伊藤　晃）
14 大久保利謙（由井正臣）
15 濱口重國（菊池英夫）
16 村川堅太郎（長谷川博隆）
17 宮本常一（西垣晴次）
18 丸山眞男（坂本多加雄）
19 和歌森太郎（宮田　登）
20 井上光貞（笹山晴生）

日本編（続）　2006　232-0

1 狩野直喜（戸川芳郎）
2 桑原隲蔵（礪波　護）
3 矢野仁一（挾間直樹）
4 加藤繁（尾形　勇）
5 中村孝也（中田易直）
6 宮地直一（西垣晴次）
7 和辻哲郎（樺山紘一）
8 一志茂樹（古川貞雄）
9 田中惣五郎（本間恂一）
10 西岡虎之助（西垣晴次）
11 岡正雄（大林太良）
12 羽仁五郎（斉藤　孝）
13 服部之總（大濱徹也）
14 坂本太郎（笹山晴生）
15 前嶋信次（窪寺紘一）
16 中村吉治（岩本由輝）
17 竹内理三（樋口州男）
18 清水三男（網野善彦）
19 江口朴郎（木畑洋一）
20 林屋辰三郎（今谷　明）

世界編（上）　1999　213-4

1 ピレンヌ（河原　温）
2 マイネッケ（坂井榮八郎）
3 ゾンバルト（金森誠也）
4 メネンデス・ピダール（小林一宏）
5 梁啓超（佐藤慎一）
6 トーニー（越智武臣）
7 アレクセーエフ（加藤九祚）
8 マスペロ（池田　温）
9 トインビー（芝井敬司）
10 ウィーラー（小西正捷）
11 カー（木畑洋一）
12 ウィットフォーゲル（鶴間和幸）
13 エリアス（木村靖二）
14 侯外盧（多田狷介）
15 ブローデル（浜名優美）
16 エーバーハルト（大林太良）
17 ウィリアムズ（川北　稔）
18 アリエス（杉山光信）
19 楊寛（高木智見）
20 クラーク（ドン・ベイカー 藤川隆男訳）
21 ホブズボーム（水田　洋）
22 マクニール（高橋　均）
23 ジャンセン（三谷　博）
24 ダニーロフ（奥田　央）
25 フーコー（福井憲彦）
26 デイヴィス（近藤和彦）
27 サイード（杉田英明）
28 タカキ，R．（富田虎男）

世界編（下）　2001　214-2

1 スタイン（池田　温）
2 ヴェーバー（伊藤貞夫）
3 バルトリド（小松久男）
4 ホイジンガ（樺山紘一）
5 ルフェーヴル（松浦義弘）
6 フェーヴル（長谷川輝夫）
7 グラネ（桐本東太）
8 ブロック（二宮宏之）
9 陳寅恪（尾形　勇）
10 顧頡剛（小倉芳彦）
11 カントロヴィッチ（藤田朋久）
12 ギブ（湯川　武）
13 ゴイテイン（湯川　武）
14 ニーダム（草光俊雄）
15 コーサンビー（山崎利男）
16 フェアバンク（平野健一郎）
17 モミリアーノ（本村凌二）
18 ライシャワー（W.スティール）
19 陳夢家（松丸道雄）
20 フィンリー（桜井万里子）
21 イナルジク（永田雄三）
22 トムスン（近藤和彦）
23 グレーヴィチ（石井規衛）
24 ル・ロワ・ラデュリ（阿河雄二郎）
25 ヴェーラー（木村靖二）
26 イレート（池端雪浦）

戸上 一

46 千 利 休

ヒト・モノ・カネ

1998 ＊210-6 四六上製 212頁 ￥2000

高価な茶道具にまつわる美と醜の世界を視野に入れぬ従来の利休論にあきたらぬ筆者が，書き下ろした利休の実像。モノの美とそれにまつわるカネの醜に対決する筆者の気迫に注目

大濱徹也

47 日本人と戦争

歴史としての戦争体験

2002 220-7 四六上製 280頁 ￥2400

幕末，尊皇攘夷以来，日本は10年ごとの戦争で大国への道をひた走った。やがて敗戦。大東亜戦争は正義か不正義かは鏡の表と裏にすぎないかもしれない。日本人の“戦争体験”が民族共有の記憶に到達するのはいつか？

K. B. ウルフ／林 邦夫訳

48 コルドバの殉教者たち

イスラム・スペインのキリスト教徒

1998 226-6 四六上製 214頁 ￥2800

9世紀，イスラム時代のコルドバで，49人のキリスト教徒がイスラム教を批難して首をはねられた。かれらは極刑となって殉教者となることを企図したのである。三つの宗教の混在するスペインの不思議な事件である

U．ブレーカー／阪口修平・鈴木直志訳

49 スイス傭兵ブレーカーの自伝

2000 240-1 四六上製 263頁 ￥2800

18世紀スイス傭兵の自伝。貧農に生まれ，20歳で騙されてプロイセン軍に売られ，軍隊生活の後，七年戦争中に逃亡。彼の生涯で最も劇的なこの時期の記述は，近代以前の軍隊生活を知る類例のない史料として注目

田中圭一

50 日本の江戸時代

舞台に上がった百姓たち

1999 ＊233-5 四六上製 259頁 ￥2400

日本の古い体質のシンボルである江戸時代封建論に真向から挑戦する江戸近代論。「検地は百姓の土地私有の確認である」ことを実証し，一揆は幕府の約束違反に対するムラの抗議だとして，日本史全体像の変革を迫る

平松幸三編 2001年度 沖縄タイムス出版文化賞受賞

51 沖縄の反戦ばあちゃん

松田カメ口述生活史

2001 242-8 四六上製 199頁 ￥2000

沖縄に生まれ，内地で女工，結婚後サイパンへ出稼いで，戦争に巻込まれる。帰郷して米軍から返却された土地は騒音下。嘉手納基地爆音訴訟など反戦平和運動の先頭に立ったカメさんの原動力は理屈ではなく，生活体験だ

---

52 （缺番）

原田勝正

53 日 本 鉄 道 史

技術と人間

2001 275-4 四六上製 488頁 ￥3300

幕末維新から現代まで，日本の鉄道130年の発展を，技術の進歩がもつ意味を社会との関わりの中に確かめながら，改めて見直したユニークな技術文化史

J. キーガン／井上堯裕訳

54 戦争と人間の歴史

人間はなぜ戦争をするのか？

2000 264-9 四六上製 205頁 ￥2000

人間はなぜ戦争をするのか？ 人間本性にその起源を探り，国家や個人と戦争の関わりを考え，現実を見つめながら「戦争はなくなる」と結論づける。原本は豊かな内容で知られるＢＢＣ放送の連続講演（1998年）

M.シェーファー／大津留厚監訳・永島とも子訳
55 **エリザベート—栄光と悲劇**
2000 265-7 四六上製 183頁 ¥2000
ハプスブルク朝の皇后“シシー”の生涯を内面から描く。美貌で頭が良く，自信にあふれ，決断力を持ちながらも孤独に苦しんでいた。従来の映画や小説では得られない“変革の時代”に生きた高貴な人間像

地中海学会編
56 **地中海の暦と祭り**
2002 230-4 四六上製 285頁 ¥2500
季節の巡行や人生・社会の成長・転変に対応する祭は暦や時間と深く連関する。その暦と祭を地中海世界の歴史と地域の広がりの中でとらえ，かつ現在の祭慣行や暦制度をも描いた，歴史から現代までの「地中海世界案内」

堀 敏一
57 **曹　操**
三国志の真の主人公
2001 ＊283-0 四六上製 220頁 ¥2800
諸葛孔明や劉備の活躍する『三国志演義』はおもしろいが，小説であって事実ではない。中国史の第一人者が慎重に選んだ“事実は小説よりも奇”で，人間曹操と三国時代が描かれる

P.ブラウン／宮島直機訳
58 **古代末期の世界** [改訂新版]
ローマ帝国はなぜキリスト教化したか
2002 ＊354-7 四六上製 233頁 ¥2800
古代末期を中世への移行期とするのではなく独自の文化的世界と見なす画期的な書。鬼才P.ブラウンによる「この数十年の間で最も影響力をもつ歴史書！」(書評から)

宮脇淳子
59 **モンゴルの歴史**
遊牧民の誕生からモンゴル国まで
2002 ＊244-1 四六上製 295頁 ¥2800
紀元前1000年に，中央ユーラシア草原に遊牧騎馬民が誕生してから，20世紀末年のモンゴル系民族の現状までを1冊におさめた，本邦初の通史

永井三明
60 **ヴェネツィアの歴史**
共和国の残照
2004 285-1 四六上製 270頁 ¥2800
1797年「唐突に」姿を消した共和国。ヴェネツィアの1000年を越える歴史を草創期より説き起こす。貴族から貧困層まで，人々の心の襞までわけ入り描き出される日々の生活，etc. ヴェネツィア史の第一人者による書き下ろし

H.バイアス／内山秀夫・増田修代訳
61 **敵　国　日　本**
太平洋戦争時，アメリカは日本をどう見たか？
2001 286-X 四六上製 215頁 ¥2000
パールハーバーからたった70日で執筆・出版され，アメリカで大ベストセラーとなったニューヨークタイムズ記者の日本論。天皇制・政治経済・軍隊から日本人の心理まで，アメリカは日本人以上に日本を知っていた……

伊東俊太郎 [比較文明学叢書 3]
62 **文明と自然**
対立から統合へ
2002 293-2 四六上製 256頁 ¥2400
かつて西洋の近代科学は，文明が利用する対象として自然を破壊し，自然は利用すべき資源でしかなかった。いま「自から然る」自然が，生々発展して新しい地球文明が成る。自然と文明の統合の時代である

P.V.グロブ／荒川明久・牧野正憲訳
63 **甦る古代人**
デンマークの湿地埋葬
2002 298-3 四六上製 191頁 ¥2500
デンマーク，北ドイツなど北欧の寒冷な湿地帯から出土した，生々しい古代人の遺体（約700例）をめぐる“謎”の解明。原著の写真全77点を収録した，北欧先史・古代史研究の基本図書

大濱徹也

64 **庶民のみた日清・日露戦争**
帝国への歩み
2003 316-5 四六上製 265頁 ¥2200

明治維新以後10年ごとの戦争に明けくれた日本人の戦争観・時代観を根底に，著者は日本の現代を描こうとする。庶民の皮膚感覚に支えられた生々しい日本の現代史像に注目が集まる。『明治の墓標』改題

喜安　朗

65 **天皇の影をめぐるある少年の物語**
戦中戦後私史
2003 312-2 四六上製 251頁 ¥2200

第二次大戦の前後を少年から青年へ成長した多くの日本人の誰もが見た敗戦から復興の光景を，今あらためて注視する少年の感性と歴史家の視線。変転する社会状況をくぐりぬけて今現われた日本論

スーザン·W.ハル／佐藤清隆・滝口晴生・菅原秀二訳

66 **女は男に従うもの？**
近世イギリス女性の日常生活
2003 315-7 四六上製 285頁 ¥2800

16〜17世紀，女性向けに出版されていた多くの結婚生活の手引書や宗教書など（著者は男性）を材料に，あらゆる面で制約の下に生きていた女性達の日常を描く（図版多数集録）

G.スピーニ／森田義之・松本典昭訳

67 **ミケランジェロと政治**
メディチに抵抗した《市民＝芸術家》
2003 318-1 四六上製 181頁 ¥2500

フィレンツェの政治的激動期，この天才芸術家が否応なく権力交替劇に巻き込まれながらも，いかに生き抜いたか？　ルネサンス美術史研究における社会史的分析の先駆的議論。ミケランジェロとその時代の理解のために

金七紀男

68 **エンリケ航海王子**
大航海時代の先駆者とその時代
2004 322-X 四六上製 232頁 ¥2500

初期大航海時代を導いたポルトガルの王子エンリケは，死後理想化されて「エンリケ伝説」が生れる。本書は，生身で等身大の王子とその時代を描く。付録に「エンリケ伝説の創出」「エンリケの肖像画をめぐる謎」の2論文も

H.バイアス／内山秀夫・増田修代訳

69 **昭和帝国の暗殺政治**
テロとクーデタの時代
2004 314-9 四六上製 341頁 ¥2500

戦前，『ニューヨーク・タイムズ』の日本特派員による，日本のテロリズムとクーデタ論。記者の遭遇した5.15事件や2.26事件を，日本人独特の前近代的心象と見て，独自の日本論を展開する。『敵国日本』の姉妹篇

E.L.ミューラー／飯野正子監訳

70 **祖国のために死ぬ自由**
徴兵拒否の日系アメリカ人たち
2004 331-9 四六上製 343頁 ¥3000

第二次大戦中，強制収容所に囚われた日系2世は，市民権と自由を奪われながら徴兵された。その中に，法廷で闘って自由を回復しアメリカ人として戦う道を選んだ人々がいた。60年も知られなかった日系人の闘いの記録

松浦高嶺・速水敏彦・高橋 秀

71 **学 生 反 乱**
—1969—　立教大学文学部
2005 335-1 四六上製 281頁 ¥2800

1960年代末，世界中を巻きこんだ大学紛争。学生たちの要求に真摯に向合い，かつ果敢に闘った立教大学文学部の教師たち。35年後の今，闘いの歴史はいかに継承されているか？

神川正彦　[比較文明学叢書 5]

72 **比較文明文化への道**
日本文明の多元性
2005 343-2 四六上製 311頁 ¥2800

日本文明は中国のみならずアイヌや琉球を含め，多くの文化的要素を吸収して成立している。その文化的要素を重視して“文明文化”を一語として日本を考える新しい視角

藤川隆男編

73 **白人とは何か？**

ホワイトネス・スタディーズ入門

2005 ＊346-2 四六上製 257頁 ￥2200

近年欧米で急速に拡大している「白人性研究」を日本で初めて本格的に紹介。差別の根源「白人」を人類学者が未開の民族を見るように研究の俎上に載せ，社会的・歴史的な存在である事を解明する多分野17人が協力

W. フライシャー／内山秀夫訳

74 **太平洋戦争にいたる道**

あるアメリカ人記者の見た日本

2006 349-1 四六上製 273頁 ￥2800

昭和初・中期の日本が世界の動乱に巻込まれていくさまを，アメリカ人記者の眼で冷静に見つめる。世界の動きを背景に，日本政府の情勢分析の幼稚とテロリズムを描いて，小社既刊『敵国日本』と対をなす必読日本論

白井洋子

75 **ベトナム戦争のアメリカ**

もう一つのアメリカ史

2006 352-1 四六上製 258頁 ￥2500

「インディアン虐殺」の延長線上にベトナム戦争を位置づけ，さらに，ベトナム戦没者記念碑「黒い壁」とそれを訪れる人々の姿の中にアメリカの歴史の新しい可能性を見る。「植民地時代の先住民研究」専門の著者だからこその視点

L. カッソン／新海邦治訳

76 **図書館の誕生**

古代オリエントからローマへ

2007 ＊356-1 四六上製 222頁 ￥2300

古代の図書館についての最初の包括的研究。紀元前３千年紀の古代オリエントの図書館の誕生から，図書館史の流れを根本的に変えた初期ビザンツ時代まで。碑文，遺跡の中の図書館の遺構，墓碑銘など多様な資料は語る

英国王立国際問題研究所／坂井達朗訳

77 **敗北しつつある大日本帝国**

日本敗戦７ヵ月前の英国王立研究所報告

2007 ＊361-5 四六上製 253頁 ￥2700

対日戦略の一環として準備された日本分析。極東の後進国日本が世界経済・政治の中に進出，ファシズムの波にのって戦争を遂行する様を冷静に判断。日本文化社会の理解は，戦中にも拘わらず的確で大英帝国の底力を見る

史学会編

78 **歴史の風**

2007 ＊369-1 四六上製 295頁 ￥2800

『史学雑誌』連載の歴史研究者によるエッセー「コラム 歴史の風」を１巻に編集。1996年の第１回「歴史学雑誌に未来から風が吹く」（樺山紘一）から昨2006年末の「日本の歴史学はどこに向かうのか」（三谷 博）まで11年間55篇を収載

青木 健

79 **ゾロアスター教史**

古代アーリア・中世ペルシア・現代インド

2008 ＊374-5 四六上製 308頁 ￥2800

本邦初の書下ろし。謎の多い古代アーリア人の宗教，サーサーン朝国教としての全盛期，ムスリム支配後のインドで復活，現代まで。世界諸宗教への影響，ペルシア語文献の解読，ソグドや中国の最新研究成果が注目される

城戸 毅

80 **百 年 戦 争**

中世末期の英仏関係

2010 ＊379-0 四六上製 373頁 ￥3000

今まで我が国にまとまった研究もなく，欧米における理解からずれていたこのテーマ。英仏関係及びフランスの領邦君主諸侯間の関係を通して，戦争の前史から結末までを描いた，本邦初の本格的百年戦争の全体像

R. オズボン／佐藤 昇訳

81 **ギリシアの古代**

歴史はどのように創られるか？

2011 ＊396-7 四六上製 261頁 ￥2800

最新の研究成果から古代ギリシア史研究の重要トピックに新しい光を当て，歴史学的な思考の方法，「歴史の創り方」を入門的に，そして刺戟的に紹介する。まずは「おなじみ」のスポーツ競技，円盤投げの一場面への疑問から始める

藤川隆男

82 **人種差別の世界史**

白人性とは何か？

2011 ＊398-1 四六上製 274頁 ￥2300

差別と平等が同居する近代世界の特徴を，身近な問題（ファッション他）を取り上げながら，前近代との比較を通じて検討。人種主義と啓蒙主義の問題，白人性とジェンダーや階級の問題などを，世界史的な枠組で解明かす

Ch. ビュヒ／片山淳子訳

83 **もう一つのスイス史**

独語圏・仏語圏の間の深い溝

2012 ＊395-0 四六上製 246頁 ￥2500

スイスは，なぜそしていかに，多民族国家・多言語国家・多文化国家になったのか，そのため生じた問題にいかに対処してきたか等々。独仏両言語圏の間の隔たりから語る，今までに無い「いわば言語から覗くスイスの歴史」

坂井榮八郎

84 **ドイツの歴史百話**

2012 ＊407-0 四六上製 330頁 ￥3000

「ドイツ史の語り部」を自任する著者が，半世紀を超える歴史家人生で出会った人，出会った事，出会った本，そして様ざまな歴史のエピソードなどを，百のエッセイに紡いで時代順に語ったユニークなドイツ史

田中圭一

85 **良寛の実像**

歴史家からのメッセージ

2013 ＊411-7 四六上製 239頁 ￥2400

捏造された「家譜」・「自筆過去帳」や無責任な小説や教訓の類いが，いかに良寛像を過らせたか！　良寛を愛し，良寛の眞実を求め，人間良寛の苦悩を追って，その実像に到達した，唯一，歴史としての良寛伝が本書である

A. ジョティシュキー／森田安一訳

86 **十字軍の歴史**

2013 ＊388-2 四六上製 480頁 ￥3800

カトリック対ギリシア東方正教対イスラームの抗争という，従来の東方十字軍の視点だけではなく，レコンキスタ・アルビショワ十字軍・ヴェンデ十字軍なども叙述，中世社会を壮大な絵巻として描いた十字軍の全体史

W. ベーリンガー／長谷川直子訳

87 **魔女と魔女狩り**

2014 ＊413-1 四六上製 480頁 ￥3500

ヨーロッパ魔女狩りの時代の総合的な概説から，現代の魔女狩りに関する最新の情報まで，初めての魔女の世界史。魔女狩りの歴史の考察から現代世界を照射する問題提起が鋭い。110頁を超える索引・文献・年表も好評

J.＝C. シュミット／小池寿子訳

88 **中世の聖なるイメージと身体**

キリスト教における信仰と実践

2015 ＊380-6 四六上製 430頁 ￥3800

中世キリスト教文明の中心テーマ！　目に見えない「神性」にどのように「身体」が与えられたか，豊富な具体例で解き明かす。民衆の心性を見つめて歴史人類学という新しい地平を開拓したシュミットの，更なる到達点

W. D. エアハート／白井洋子訳

89 **ある反戦ベトナム帰還兵の回想**

2015 ＊420-9 四六上製 480頁 ￥3500

詩人で元米国海兵隊員の著者が，ベトナム戦争の従軍体験と，帰還後に反戦平和を訴える闘士となるまでを綴った自伝的回想の記録三部作第二作目 *Passing Time* の全訳。「小説ではないがそのようにも読める」(著者まえがき)

岩崎 賢

90 **アステカ王国の生贄の祭祀**

血・花・笑・戦

2015 ＊423-0 四六上製 202頁 ￥2200

古代メキシコに偉大な文明を打ち立てたアステカ人の宗教的伝統の中心＝生贄の祭りのリアリティに，古代語文献，考古学・人類学史料及び厳選した図像史料を駆使して肉迫する。本邦ではほとんど他に例のない大胆な挑戦

藤川隆男

91 **妖獣バニヤップの歴史**

オーストラリア先住民と白人侵略者のあいだで

2016 ＊431-5 四六上製 300頁＋カラー口絵 8 頁 ￥2300

バニヤップはオーストラリア先住民に伝わる水陸両生の幻の生き物。イギリスの侵略が進むなか，白人入植者の民話としても取り入れられ，著名な童話のキャラクターとなる。この動物の記録を通して語るオーストラリア史

ジョー・グルディ＆D.アーミテイジ／平田雅博・細川道久訳

92 **これが歴史だ！**

21世紀の歴史学宣言

2017 ＊429-2 四六上製 250頁 ￥2500

気候変動を始め現代の難問を長期的に捉えるのが歴史家本来の仕事。短期の視点が台頭する今，長期の視点の重要性の再認識を主張。歴史学研究の流れから，膨大な史料データ対応の最新デジタル歴史学の成果までを本書に

杉山博久

93 **直良信夫の世界**

20世紀最後の博物学者

2016 ＊430-8 四六上製 300頁 ￥2500

考古学，古人類学，古生物学，現生動物学，先史地理学，古代農業……。最後の博物学者と評されたその研究領域を可能な限り辿り，没後30年に顕彰。「明石原人」に関わる諸見解も紹介し，今後の再評価が期待される

永田陽一

94 **日系人戦時収容所のベースボール**

ハーブ栗間の輝いた日々

2018 ＊439-1 四六上製 210頁 ￥2000

「やる者も見る者もベースボールが本気だった」カリフォルニアから強制立ち退きでアメリカ南部の収容所に送られた若者たち。屈辱の鉄条網のなかで生き延びるための野球に熱中，数千の観衆を前に強豪チームを迎え撃つ

三佐川亮宏

95 **紀元千年の皇帝**

オットー３世とその時代

2018 ＊437-7 四六上製 400頁 ￥3900

夭逝後「世界の驚異」と呼ばれたオットー３世の在位はわずか６年弱。並外れた教養と知性に恵まれて，普遍的・超国家的な神聖ローマ帝国から，キリスト教帝国に再編・統合へ向かった彼の試みを活写する